Shunryu Suzuki
Zen Mind, Beginner's Mind

禅者的初心

[日] 铃木俊隆 著

张国辰 李英松 译

重庆出版社

图书在版编目（CIP）数据

禅者的初心 /（日）铃木俊隆著；张国辰，李英松译. -- 重庆：重庆出版社，2025.8. -- ISBN 978-7-229-20055-8

Ⅰ. B946.5-49

中国国家版本馆CIP数据核字第20255ZG827号

禅者的初心

CHANZHE DE CHUXIN

[日]铃木俊隆 著　张国辰 李英松 译

出　品：华章同人
出版监制：徐宪江　连　果
责任编辑：彭圆琦
营销编辑：史青苗　冯思佳
责任校对：王昌凤
责任印制：梁善池
书籍设计：潘振宇　774038217@qq.com

重庆出版社 出版
（重庆市南岸区南滨路162号1幢）
三河市嘉科万达彩色印刷有限公司 印刷
重庆出版社有限责任公司 发行
邮购电话：010-85869375

全国新华书店经销
开本：710mm×1000mm 1/32 印张：6.25 字数：88千
2025年8月第1版　2025年8月第1次印刷
定价：42.80元

如有印装问题，请致电023-68706683
版权所有　侵权必究

寻求智慧，方为智者。

It is wisdom which is seeking for wisdom.

目录

序言 /014

导读 /020

前言

初心 /030

第一章

正确的练习

姿势 /036

呼吸 /041

控制 /045

心波 /049

杂念 /052

禅的精髓 /054

非二元论 /058

顶礼跪拜 /062

稀松平常 /067

CONTENTS

Preface /014

Introduction /020

Prologue

Beginner's Mind /030

PART 1

RIGHT PRACTICE

Posture /036

Breathing /041

Control /045

Mind Waves /049

Mind Weeds /052

The Marrow of Zen /054

No Dualism /058

Bowing /062

Nothing Special /067

第二章

正确的态度

一心一意 /074

重复 /077

禅与激情 /080

正确的努力 /083

不留痕迹 /087

神赐 /092

修禅中的错误 /097

限制行为 /102

研究自己 /105

磨砖作镜 /110

空性 /116

沟通 /120

消极与积极 /125

涅槃和瀑布 /129

PART 2
RIGHT ATTITUDE

Single-Minded Way /074

Repetition /077

Zen and Excitement /080

Right Effort /083

No Trace /087

God Giving /092

Mistakes in Practice /097

Limiting Your Activity /102

Study Yourself /105

To Polish a Tile /110

Constancy /116

Communication /120

Negative and Positive /125

Nirvana, the Waterfall /129

第三章

正确的理解

禅法的传统精神 /136

无常 /141

存在的本质 /144

自然 /149

空 /153

准备,正念 /158

相信空无 /162

执与无执 /166

平静 /170

是体验,而非哲学 /173

原始佛教 /176

意识之外 /180

佛陀的开悟 /185

后记

禅心 /188

PART 3
RIGHT UNDERSTANDING

Traditional Zen Spirit /136

Transiency /141

The Quality of Being /144

Naturalness /149

Emptiness /153

Readiness, Mindfulness /158

Believing in Nothing /162

Attachment, Nonattachment /166

Calmness /170

Experience, Not Philosophy /173

Original Buddhism /176

Beyond Consciousness /180

Buddha's Enlightenment /185

Epilogue
Zen Mind /188

初心

福山俊隆丕

序言

Preface

日本有两位铃木禅师颇有影响。半个世纪前,铃木大拙禅师只身一人将禅带到了西方世界,这个移植的重要意义,被视为不亚于亚里士多德和柏拉图两者的著作分别于13世纪和15世纪被翻译成拉丁文。50年之后,铃木俊隆禅师做出了几乎同等重要的事情。他的所说所写,恰好是那些对"禅"深有兴趣的美国人需要找寻的。

铃木大拙的禅学教法具有戏剧张力,引人关注,而铃木俊隆的禅学教法则显得平淡无奇。铃木大拙的教法聚焦于"开悟",这个夺目的观念与看法占据了他作品的核心环节,使其作品显得不同凡响。但在铃木俊隆的书中,"开悟"及其近义词"见性",从未出现过。

在铃木俊隆禅师圆寂之前的四个月,恰好有个机会,我向他问及为何这本书中没有谈及开悟。禅师尚未开口,他的妻子就先上前来,半开玩笑地轻声说道:"这是因为他自己都没开悟呐。"大师故作吃惊之态,拿着扇子拍了妻子一下,手指竖起,放到嘴边:"嘘,别告诉别人!"我们大家听了,大笑不止。事后,他简明扼要地说了原因："开悟并非不重要，但它不是禅法所需要强调的那部分。"

铃木禅师在美国为我们宣讲教法仅仅12年——12年以东亚的计时方式来说，是一个单独的周期。但是，这12年中可谓善果颇丰。经由这位个头不大、面相文静之人的付出，一个曹洞宗的团体组织得以在我们国度成长得繁茂欣然。他自身已与曹洞宗完满相融为一体，禅道之法得以呈现。就如同玛丽·法尔卡斯(Mary Farkas)所描述的那样："他的无我观念，没有留下任何可以让我们渲染美化的怪异言行。虽然他没有留下任何尘世意义上的形影波澜，他的足迹却足以引领着无法看到的世界历史，勇往直前。"他的存世遗产包括了美国塔撒加拉的禅山修行中心，也是西方世界的第一家曹洞宗禅寺；以及旧金山的禅修中心。当然，对普通大众来说，禅师留下的则是这本书。

不持有任何侥幸之心，铃木俊隆禅师早就为弟子们做好了铺垫，让他们面对最为艰难时刻，即他的形体肉身从世间消逝，归入空无的时刻：

如果我死了,就是我马上要死去的刹那间,不要在意我是不是身负苦难,因为那就是受苦的佛陀。大家切不可为此而心生困惑。也许每个人都会为肉身的痛苦和内心的痛苦而挣扎煎熬,但真的不用在意,那不是什么难题。我们应该为自己拥有一副时光有限的躯体而心生感激之情……就像我的身体,你们的也一样。如果我们的生命无限不休,对你们来说,那恐怕才是一个真正的大麻烦。

他也安排好了传法的事情,在1971年11月21日举行的山间行坐仪式上,他将自己的禅法衣钵传授给了理查德·贝克(Richard Baker)。那个时候他已经罹患严重的癌症,只能让儿子搀扶着才能走动。即使如此,每走一步,他禅杖触地时依然响亮有力——他外表文质彬彬,内心却坚硬如铁。贝克接过禅师的袈裟,并写下了一首诗:

香烛片许

我秉持许久

此刻我要以"无具"之心

奉献给我的师父,我的朋友:铃木俊隆大师

你是这座寺院的创立者

你的所行,无可计数

微雨中与你同行在佛法之途

我们的衣袍全湿

但莲花瓣上

一滴雨水也没有留驻

两周之后,铃木俊隆大师圆寂。在12月4日为他举行的葬礼上,贝克禅师现场为出席者朗诵了这样的致辞:

做师父或者做弟子,都不会轻松容易,虽然它确为现世一生之中最为喜乐的事情。在一片毫无佛法的地域来宣道讲法，是一件不容易的事情，但他使众多弟子、僧俗开化悟法，让他们走在了佛法之途上，让全国数以千计的人发生了生命之中的改变。要创立和供养一座禅寺很不容易，何况还有一个市区的禅修社区，还有加州和美国其他地区的众多禅修中心——但这些"不容易"的事情、这些卓越非凡的成就对于他而言，却又举重若轻，因为他所展示的是自己的真实本性，也是我们的真实本性。他留给我们的一切，不亚于任何人，全部皆为必不可少的紧要之物：佛陀的心念、佛法的修为、佛法的教诲和人生经验。此刻，他与我们每一个人同在——在我们需要他的时候。

休斯顿·史密斯（Huston Smith）

麻省理工学院哲学系教授

导读

Introduction

对于铃木禅师的弟子来说，这本书是禅师的心——不是他的日常之心或者个人之心，而是他的禅心。这心是他的师父玉润祖温禅师的心，是道元禅师的心，也是自佛陀以来由先贤、圣祖、僧侣和居士一代代传承的心——或完整，或断续，或史实，或虚构；是佛陀之心，也是修禅之心。不过，对于大多数读者来说，这本书是禅师言传身教之书：如何修禅、如何过禅的生活，以及修禅所需的态度和理解。读了这本书，你就会有勇气去发现自己的真实本性，找到自己的禅心。

"禅心"是禅师常用的玄妙词汇之一，让人回观自省，超越语言表象，探寻自身的心性与存在。这也是所有禅学修行的目的——引发思考，并用本性最深刻的显现来对此解答。"如来"二字，日语读作 Nyorai，梵语为 Tathāgata，是佛陀的称号，意为"遵循道路者""从真如中归来者"，或"即真如、如是、本然、空性，圆满成就者"。这是佛陀显现的根本原理，也是禅心。铃木禅师写这两个字的时候，用的笔是禅心周围山中生长的丝兰植物剑状叶片根部。他说："这表明如来是整个大地的化身。"

禅心的修行便是初学者的心。那最初发问"我是谁？"时的纯真贯穿于整个修禅过程。初学者的心是一张白纸，没有行家里手的惯性思维，能接纳，会质疑，顺应一切可能性。这样的心才可看到事物本质，通过点滴领悟，在瞬间洞见万物的本然。这种禅心的修行贯穿于本书始末，或开宗明义，或旁征博引，每一部分都围绕一个问题展开：如何在修禅与日常生活中保持初学者的心。这种古老的教学用最简洁的语言和日常生活情境传授智慧，意在让学生应该实现自我教育。

"初心"是道元禅师极为喜爱的表达。铃木禅师书法中的禅道讲求最直接、最简单的方式，就像初学者一样，不追求技巧或美感，而是全神贯注地写下每一笔，仿佛第一次下笔。如此，我们的本性便自然融入了字里行间，这正是修行的方式。

本书的出版缘起，来自铃木禅师的入室弟子玛丽安·德比 (Marian Derby)，她是洛斯阿尔托斯禅修小组的负责人。铃木禅师每周会到小组中参加一到两次打坐，结束后会和大家聊天，鼓励他们精进修行,为他们解答疑惑。玛丽安每次都录下了整个过程。随着修禅小组活动的开展,这些谈话之间逐渐形成了连贯性和系统性,非常适合汇集成书,同时也是记录铃木禅师非凡精神与教义的重要资料。通过整理多年的录音,她完成了本书的初稿。

随后,铃木禅师的另一位入室弟子特鲁迪·迪克森(Trudy Dixon)曾在编辑禅修中心刊物《风铃》的过程中积累了丰富的经验,于是接手了书稿的编辑和整理工作。编辑这本书并非易事,探究其中的难点有助于读者更好地理解本书。铃木禅师用最平实的日常语言来传达深奥的佛法,例如一句简单的"吃茶去",却蕴含着整部教义的精髓。编辑必须充分意识到这些语句背后的深意,避免为了追求语法或表述的清晰性而无意间删减了讲座的真正含义。此外,若缺乏对铃木禅师本人的深入了解,或者没有与他长期共事的经验,也很容易在编辑中出于同样的原因,遗漏那些彰显禅师的性格、能量和意志的背景性理解。同样,编辑也很容易忽视读者的内在需求,因为读者恰恰需要通过那些重复的内容、看似晦涩的逻辑以及隐含的诗意才能认知这些思想。一些看似难懂或过于直白的句子，只有在细细品味、揣摩为什么禅师会这样表达时，才能展现它们真正的价值和智慧。

编辑工作之所以复杂，是因为英语的语言基础是彻底的二元思维，而日语经过数百年的发展，已经形成了可以表达非二元佛教思想的语言体系。铃木禅师常常旁征博引，有日式表达，也有西方哲学元素，并且两者融汇得既诗意又富有哲理。然而，把这些讲座整理成文字时，往往很容易失去原本通过停顿、节奏和语气表达的深意，以及那些维系思想连贯性的内在联系。因此，特鲁迪通过自身努力以及铃木禅师的指导，前后耗时数月，在保留原汁原味的基础上，打造出通顺易懂的英文手稿。特鲁迪将全书分为三个部分——"正确的练习""正确的态度"和"正确的理解"，大致对应身体、感受和心灵。此外，她为每次讲座都选定了标题，并从讲座内容中提炼出标题下的引言。这些选择虽有一定的主观性，但目的在于通过章节、标题和引言与讲座内容之间的张力，引导读者更深入地体会内涵。书中唯一篇非洛斯阿图斯禅修小组原有讲座内容的是"后记",其根据禅修中心迁入旧金山新总部时的两场讲座内容浓缩而成。

在完成这本书后不久,特鲁迪因癌症去世,年仅30岁。她留下了两个孩子——安妮和威尔,以及丈夫迈克。迈克是一位画家,作为一名修禅多年的弟子,在受邀为本书作画时,他说:"我没法画'禅画',我只会单纯地画画,不能为了某个特定目的而作画。我没法画蒲团、莲花之类的东西来装点气氛。不过,这个想法我倒是可以试试。"迈克的画作中经常出现一只写实的苍蝇,而铃木禅师非常喜爱青蛙——那种看起来一动不动仿佛在打盹儿,但实际上对每一只飞过的昆虫都保持高度警觉的状态。或许,这只苍蝇正是在等待青蛙的出现。

在编撰《禅者的初心》过程中,特鲁迪与我保持紧密合作。在她的嘱托下,我接手完成了书稿的编辑工作,并负责将其出版。经过多方考量,我最终选择了约翰·韦瑟希尔出版社(John Weatherhill, Inc.)。在梅雷迪思·韦瑟比(Meredith Weatherby)和奥迪·博克(Audie Bock)的鼎力支持下，这本书得到精心打磨和设计，以最恰当的方式出版。在正式出版之前，稿件曾由驹泽大学(Komazawa University)佛教学系主任、日本著名印度佛学学者水野弘元教授审阅。他不辞辛劳地协助我们校对梵语和日语佛教术语的音译，令本书更加完善。

铃木禅师很少谈及自己的过去，仅在讲座中偶尔提到一些片段，不过我还是根据这些只言片语拼凑出了一些线索。他是玉润祖温禅师的弟子，此外也曾师从其他老师，其中对他影响最深远的是岸泽惟安禅师。岸泽禅师是研究道元禅师的权威，注重对道元思想深刻而细致的理解，擅长讲解《碧岩录》等公案及佛经。铃木禅师12岁时开始随父亲的弟子玉润祖温禅师修行。与师共住多年后，他进入驹泽大学及曹洞宗的主要修行寺庙永平寺与总持寺继续修行和学习。他还曾短暂跟随一位临济宗的禅师学习。

铃木禅师30岁时，玉润禅师离世；而在此之前，铃木禅师的父亲刚刚辞世。因此，铃木禅师年纪轻轻便肩负起管理父亲寺庙和师傅寺庙的责任。师傅的寺庙——临草院——是一座小型禅院，同时也是约两百座分寺的本山。他的一项主要任务是秉持他与师傅的传统重建临草院，使之恢复昔日的风貌。

在19世纪三四十年代的日本，铃木禅师在临草院组织讨论会，公开质疑当时盛行的军国主义思想和行为，他的做法在当时可谓"离经叛道"。战前，他从少年时期起就对前往美国抱有浓厚兴趣。然而，在师傅的反对下，他不得不放弃这一想法。曹洞宗的一位好友兼宗派头领分别于1956年和1958年先后两次邀请他前往旧金山，担任当地日本曹洞宗教会的住持。在第三次收到邀请后，铃木禅师终于决定前往。

1959年，55岁的铃木禅师来到美国。在多次推迟返日计划后，他最终决定留在美国，原因是美国人拥有"初学者的心"，对禅宗几乎没有成见，思想开放，并且坚信禅宗能够改善他们的生活。他还发现，美国人以一种独特的方式探讨禅宗问题，这种方式为禅宗注入了新的生命力。铃木禅师抵达美国不久，便有人登门拜访，询问是否可以向他学习修禅。他说自己每天清晨都会打坐，如果他们愿意，可以一起来。从那时起，一个不断壮大的修禅团体逐渐形成，如今足迹已遍布加州的六片区域。目前，铃木禅师大部分时间都居住在旧金山佩奇街300号的禅修中心，常驻弟子约60名，更多人选择定期参加打坐。他也经常出现在塔撒加拉温泉的禅山中心，该中心位于卡梅尔谷顶，是美国的第一座禅宗寺院，大约有60名弟子在此居住修行，修行时间通常为三个月或更长。

特鲁迪认为，要真正理解这些讲座的内涵，最重要的是了解禅修弟子对师傅的感受。师傅给予学生的是真切的证明——所有教义以及看似难以企及的目标，实际上都能在此生实现。随着修行的深入，我们会愈发感受到师傅深广的心境，直到最终发现，我们的心与师傅的心原本是一体的，皆为佛心。同时，我们也将体悟到，打坐正是对自身本性最圆满的表达。特鲁迪曾为她的师傅写下一段颂辞，精准地描绘了禅师与弟子之间的联系：

> 禅师是一个实现了完满自由的人，而每个人都有这种潜能。禅师完全且自由地存

在于自己的全然存在之中。其意识远非我们日常生活中以自我为中心的模式,而是自然而然地从当下真实情境中生发而出。这是一种非凡的生命状态——轻盈、活跃、直率、质朴、谦逊、安宁、欢愉,以及敏锐的洞察力和无限的慈悲。禅师的存在见证了活在当下的真实意义。即便什么也不说,什么也不做,单单与这样非凡的人相遇,就足以改变你我的人生。然而,最终激起弟子学习欲望、强化领悟力的不是禅师的非凡,而是平凡。正因为禅师真实做自己,才成为弟子的镜子。和禅师在一起时,我们能清楚认识到自己的优点与不足,没有褒奖,也没有贬低。在禅师的面前,我们看见了自己的"本来面目",而我们所见的非凡,正是我们自己真正的本性。当我们学会释放自己的本性时,师徒之间的界限便会消融,化作深层次的流动,以及对佛心展现的喜悦。

理查德·贝克(RICHARD BAKER)

1970年于京都

前言

初心

Prologue

Beginner's Mind

> "初心"在持有初心的人身上会有许多可能性,在行家里手那里却没什么用武之地。

人们觉得修禅很难,但其间各种缘故多常有误解。难的不是因为需要盘腿坐着,也不在于获得开悟的体验;说它难,是因为要时刻保持内心的清净和纯粹的日常基础修行。禅宗发源于中国,而后演变出诸多门派,并且越发不清净。不过,这里要谈论的并不是中国禅宗或禅宗发展历史,我感兴趣的是要帮助大家远离不清净的修行。

日文里有个词儿叫"初心",意思是"初学者的心"。修禅的目的就是时刻保持我们的初心。比如背诵一遍《般若波罗蜜多心经》,你可能会很流利很棒,但如果让你背诵两遍、三遍、四遍乃至更多遍,会发生什么?你最初的心态感受很可能就变了。修禅也不例外，在一段时间内能够维系自己的初心，但如果持续修禅一年、两年、三年或者更长时间，在修行上可能有所精进，却也轻易就会丢失了本心所包含的无限可能。

对于修禅者，最紧要的是避免进入二元对立的思维模式。我们的"本心"包含了世间万物，丰富充盈，所以要保守身心自足的状态。不过，这种状态并不是封闭的，而是虚空归零、随时包容的。如果你的心是空的，它就能随时包容一切，也能对一切事物敞开心扉。初学者的心是开放包容的，而行家里手的心里，往往是满满当当的。

分别心如果太重，会让自己变得狭隘受限；过于苛求或贪念太多，你的内心很难达到丰富和自足。而如果我们不再拥有那份自足的本心，一切戒律也都将失去效用。如果你变得难以满足，总是想要索取，最终定会触犯戒律：不妄语、不偷盗、不杀生、不邪淫，等等。如果你保守本心，自然会守住戒律。

初学者不会说"我已经得到了些什么"。一切以自我为中心的念头都是在束缚我们自由无界的心。只有当我们消除得失与自我时，才能成为纯粹的"初学者"，进而开始真正的学习。初学者的心慈悲怜悯，而慈悲怜悯之心，广阔无垠。我们禅寺的创始人道元禅师始终强调重拾无拘无束的初心，这样才能直视自己，同情众生，从而开始真正的修行。

所以，最难的事就是保持初心。不必非要了解禅的奥义，就算读了很多禅宗经典，也还是要用一颗鲜活的心去读每一句话。不可说"我参透了禅"或"我开悟了"，这也是一切修行艺术的奥秘：永远去做一个初学者。要切记这一点。如果你想修禅，就应该从理解欣赏自己的初心开始，因为这是禅修的奥义。

第一章

正确的练习

PART 1

RIGHT PRACTICE

禅修是自我本性的直接表达。严格来说,对每个人而言,没有什么其他修行可以比拟,也没有什么其他生活方式可以对等。

姿势

"这些形式本身并不是获得最佳心态的手段。姿势本身就是最佳心态,没有必要再去追求达到某种特殊的心态。"

我现在谈一谈打坐的姿势。当你采取全莲花坐姿时,你把左脚放在右大腿上,右脚放在左大腿上。尽管我们有左右两条腿,但当如此交叉盘坐时,它们便合二为一了。这个坐姿传达着二元统一性:既不是二,也不是一。这个姿势阐释了二元归一,不是二,也不是一。这亦是最为重要的教法:不是二,也不是一。如果你认为身和心是二元的,那么你就错了;如果你认为两者是同一个,那你也错了。身和心既是二,又是一。我们常说,如果不是一,就是大于一;不是单数,就是复数。但在实际经验中,生活不仅是复数,也是单数。我们每个人之间既互相依赖,同时也各自独立。

多年之后,我们终将一死。如果把死亡认定为生命的终点,便是认知错误。不过,从另一方面来看，认为我们的生命不会死亡，那也是错误的。我们会死，也并不会死，这才是正确的认识。有人可能会说我们的精神或灵魂会永存，逝去的只是肉体。这并不完全正确，因为身和心都有尽头。但不可否认的是，两者又都可以永存。虽然我们一直在说精神和肉体，但两者其实是硬币的两面，这是正确的理解。所以，我们现在的坐姿恰好诠释了这一事实：左脚放在身体的右侧，右脚放在身体的左侧之后，我们便不再分辨左右，任何一侧都可以是左侧或者右侧。

谈及打坐的姿势，最重要的一点是挺直后背，耳朵和肩膀保持在一条线上。肩膀要放松，后脑勺顶向屋顶，收起下巴，因为扬起下巴会影响打坐的力道，没准你就会睡着了。同时，可把横膈膜下压到腹部丹田位置，这可提升坐姿的力道，维持身心平衡。保持打坐的姿势，起初可能无法正常呼吸，但习惯之后你的呼吸便可自在悠长。

你的双手应该结为"禅定印"，将左手放在右手背上（掌心向上），双手的中指的中间指节重合相触，两个大拇指彼此轻轻触碰（如同中间夹了一张纸），这样双手便呈现出一个美妙的椭圆形。一定要全神贯注保持这个常用的手印，就像手中捧了一件珍宝。双手贴着身体，拇指大约在肚脐的位置。双臂自然放松，与身体稍留些距离，就像胳膊下面夹了一枚易碎的鸡蛋，而不要将它挤碎。

你的身体不能左右或者前后倾斜，而应坐相笔直，就好像用头去顶起天空的样子。打坐不仅仅是一种形式或呼吸，更是佛教奥义的表达，佛性的完美呈现。如果想真正理解佛法，就需要这样练习。上述这些动作并不是为了进入正确状态，打坐本身就是目的。当你用这样的姿势打坐时，自然便拥有了正确的状态，也就无须努力达到别的什么状态。当你想要获得某样东西时，你的思想就游逛到别处了；而当你别无所求时，你的身心会安居当下。有位禅宗大师曾说："遇佛杀佛！"如果你遇到的佛不在当下，就需要将他"杀掉"。这是为了找回你自己的佛性。

行为处事是我们本性的表达。我们存在于世上不是为了别的，而是为了我们自己。这一点是我们遵循诸多形式之中的基本教法。与打坐类似，禅堂内也设有相应的规矩。不过，这些规矩不是让所有人都变成一个样子，而是允许每个人以最自由的方式表达自己。比如，我们都有自己的站立方式，而每个人的站姿取决于各自的身体比例。站立时，双脚之间应该保有一拳左右的距离，大脚趾与前胸中点对齐。和打坐一样，发力放到腹部丹田。同时，双手可进行自我表达。左手放在胸前，四指握住大拇指，然后将右手放在其上，大拇指向下，两侧前臂与地面平行，怀里如同抱着圆形的柱子——寺庙中的一个大圆柱——这样就不会垂肩耷背或者歪斜。

最关键的一点是占有自己的身体。如果垂肩耷背，便会失去自我，精神开始游离，你不再是自己。这是不对的，我们必须做到活在当下，此时此地！这是关键。你一定要拥有自己的身心。一切都应该应时应地，各得其所，这样才能万事和顺。如果麦克风在我说话时被放置到了别的地方，那它就失去了作用。如果我们的身心安顿妥帖，那么诸事都会法度皆备，恰如其分。

然而一般情况下我们常常意识不到这一点，我们除了想要改变自己，还想处置掌控身外之物。但是，如果你自身一片混乱，那么也无法让别的事物变得井然有序。当你能够在正确的时间以正确的方式做事，那么其他一切都会水到渠成，你就成了"老板"。老板睡熟了，所有人也都会入眠；老板处事有法，所有人也会做事无碍。这便是佛法的奥秘。

因此，你应该时刻保持正确的姿势，不仅仅是在涉及打坐修行时，还包括所有举止行为，比如开车、读书也应该保持正确的姿态。如果看书时是用一种萎靡不振的姿势，那么你很难保持长时间头脑清醒的状态。试一试，你就会理解正确姿态多么重要。这是真正的教法，停留在书本上的教法不是真正的教法，书本中的道理只是你大脑里的一种食物。当然，我们的大脑确实需要一些食物，但更为重要的是，我们要以正确的修行方式活出自己。

这就是为什么佛陀无法接受他所在时代的任何宗教。虽然他学习研究过多种宗教，但他并不认可任何一种。苦行和哲学也未能解决他的问题。他感兴趣的不是形而上学，而是此刻当下自己的身和心。当找到自己之后，他发现世间万物皆有佛性。这是他的开悟。开悟并不是某种欣然的感觉或者特定的状态。当你以正确的姿态坐着时，那时出现的状态便是开悟。如果你打坐时无法进入舒适的状态，则说明你的内心仍在游离。当我们的身心皆不动摇游离，保持正确的打坐姿态时，就不必再谈论"何为正确心态"，因为你已然拥有和达到了。这便是佛教的结论。

呼吸

"我们口中的'我',只不过是一扇门,在一呼一吸之间来回摆动。"

打坐时,我们的心念总是跟随着我们的呼吸。当我们吸气时,空气进入内在世界;呼气时,空气排出到外在世界。内在世界是无限的,外在世界同样也是无限的。所谓"内在世界"和"外在世界",实则是一个整体世界。在这个无限的世界中,我们的喉咙像是一扇摆动的门,空气吸入和排出就如同一个人在这扇门里进进出出。如果你想的是"我在呼吸",那么这个"我"是多余的。压根没有一个"你"可以说"我",我们口中的"我"只是一扇门而已,在呼吸之间来回摆动,别无其他。如果你能够心神宁静地跟随这个摆动,那你会发现,其间空无一物:没有"我",没有世界,也没有身与心,只有一扇摆动的门。

因此,坐禅时只有呼吸在运动,我们体悟着这个动作,而不是心绪游离。不过,觉察到这个动作并不是要去感受小我，而应该是要去感受原初本性或佛性。这种体悟至关重要，因为我们通常情况下都是片面的，对于人生的理解是二元性的：你与我，这个与那个，好与坏。这些分辨本质上即代表对普遍存在的认知。"你"指的是从你的行知去体验到的宇宙，"我"指的是从我的行知去体验到的宇宙。但你和我仅是一扇摆动的门，一定要理解这一点。甚至这不应该称之为理解，而是以禅修来实现达到的真切生命体验。

因此，在修禅打坐时，没有什么时间或者空间的概念。有人可能会说："我们从五点四十五分开始在这个房间打坐。"这便有了时间的概念（五点四十五）和一些空间的概念（这个房间），但其实你所要做的，只是打坐和体悟觉察世间的运动，仅此而已。此刻，这扇门朝这个方向开，下一刻，朝反方向开。一刻又一刻，我们每个人都在重复着这个动作，没有时间或空间的概念，时间和空间合二为一。你可以说："我今天下午一定要做点什么。"但实际并不存在"今天下午"。我们只是在一件接一件地做事，仅此而已。不存在"今天下午""一点"或"两点"这样明确的时间。比如你一点吃午饭，吃午饭这件事本身便是一点钟。同样地,你身处的地点也不能和一点钟分离开来。但对于一个真正感恩生活的人来说,这两者是一样的。然而,我们心烦神倦的时候可能会说:"我就不该来这儿,要是去别的地方吃午饭该多好。这儿真是太一般了。"此时,你在头脑中创造出了一个与实际时间分离的空间概念。

或许你会说:"这件事情不好,我不应该这么做。"事实上,当你说"我不应该这么做"时,其实你已经在做"不要做"的事情,别无选择。当剥离时间和空间概念后,你会以为有了一些选择,但实际上还是做或不做。"不做"本身也是一种"做"。善与恶只存在于你的意识中,所以不能说"这是对的"或"这是错的",与其说"这是错的",不如用"别做"。当你有"这是错的"的念头时,困扰便会相应而生。因此,在纯粹的宗教信仰上,没有时间和空间、好坏善恶的困扰,我们能做的只是把要做的事情完成。做!无论是什么,只需要做,即便它是"不做"。我们应该活在当下,打坐时要全神贯注于呼吸,变成那扇摆动的门,做应该做的和必须做的。这便是禅修,禅修是没有困惑的。一旦建立起这样的生活方式,你便不会再有困扰可言。

著名的洞山良价禅师曾说:"青山白云父,白云青山子。终期两依依,各自却相对。白云即白云,青山即青山。"这是对生命纯粹且透彻的诠释。有很多事物就如同白云和青山一样:男人和女人,师父和徒弟,彼此相互依存。但是白云不应受困于青山,青山也不受限于白云,彼此独立而又相互依存。这就是我们生活以及修禅的方式。

我们成为真正的自己之后,就变成了那扇摆动的门,既超然独立,又依存于万物之间。没有空气,我们无法呼吸。每个人都是芸芸众生中的一分子,都安居于大千世界。我们时刻位于世界的中央,所以既完全独立又彼此依存。如果你有这种体验,并以这样的方式存在,那么你是完全独立的,不会有任何烦恼。所以,当你坐禅时,心绪要专注在呼吸上。而呼吸是世间众生最为基础普遍的行为。如果没有这样的修禅体验,则无法获得完全的自由。

控制

"要想掌控你的牛羊,就带它们去辽阔的草原。"

要活出佛性便意味着要丢掉小我,一刻也不能停。失去了自身的平衡,我们便会死亡,但同时也是自我发展和成长的机会。我们看到的所有事物都在变动,在失去自身的平衡。任何看起来美丽的事物都是因为处于失衡状态,但其所处的背景始终是完美和谐的。这就是佛性里事物存在的方式——不停地在完美和谐的背景之下,失去自身的平衡。因此,如果你看不到事物背后的佛性,便觉得众生皆苦。但如果你明白众生所处的背景,则会意识到痛苦本身是我们生活和延续的方式。所以,修禅过程之中,我们有时会强调侧重生命的失衡和无序。

当今日本传统绘画变得愈发精致且无趣,由此衍生发展起了现代艺术。在古代,画家喜欢在画纸上练习用涂画墨点的方法去画出无序之美,这是非常难的。即便你再怎么努力想达到无序的状态,但也总会找出某种规律。你以为尽在掌控，结果事与愿违，根本不可能画出杂乱无章的点。日常生活也是如此，比如你想对某人产生约束力，但实际上是不可能的，根本做不到。实现控制的最有效途径是倡导他们随心所欲，这样就可以实现更广泛意义上的控制。要想掌控你的牛羊，就带它们去辽阔的草原。对于人类而言也不例外：首先让他们想做什么就做什么，然后进行看管，这才是"上策"。采取无视的态度是不可取的，并且是最糟糕的；而排名第二糟糕的做法是试图施加控制。最佳的方案是看管，仅仅就是看管而不做任何控制，不要想着去控制他们。

同样的道理，对于你自身也是如此。如果你想在打坐时进入"宁静致远"的状态，就无须在意头脑中出现的各种杂念而为其所扰，让它们来去自如，这样才能实现对它们的控制。这并非易事，听起来很简单，但需要一定的特殊的念力。怎样达成这种念力，这就是禅修的奥秘所在了。假设你在一个极不寻常的情景中打坐，心里想要沉淀思绪，身体却坐不住；想要心无杂念，最终肯定事与愿违。最有效的方法是数着自己的呼吸次数，或者专注于自己的呼吸之间。这里虽然提到了"专注"，但把心念放在某件事上并不是禅宗的真正目的。禅宗真正要实现的是看见事物的本真，观察事物的本真，然后顺其自然，这才是最广泛意义上的掌控一切。修禅是为了打开我们的"小我之念"，专注能帮助我们体悟到"大念"或众生万物的心。在日常生活中发现禅宗的真正意义，需要充分理解为什么要在打坐时专注呼吸和姿态。同时，要遵循修禅的戒律，研习也应该愈发细致谨慎，只有这样才能感受到禅的广阔自由。

道元禅师曾说："时间从现在流向过去。"听起来很荒谬，但在实际修行中，有时的确如此。时间不仅不是从过去走向现在，反而是从现在倒流回过去。源义经是日本中世纪一位著名的武士，受当时日本局势所迫，他被发配至北方省份，最终被杀。在临行离开前，他曾与妻子告别，随即他的妻子为他作下一首和歌，写道："丝丝布线散落，寸寸光阴如昨。"当她写出这样的诗句时，过去变成了现在，往事涌现，成了现实。

正如道元禅师所说:"时间从现在流向过去。"虽然不符合逻辑思维,却真实存在这样的体验——诗歌可以为证,生活可以为证。

当我们体验到这种真实感,说明已经找到了时间的真正含义。时间不间断地从过去走向现在,再从现在走向未来,这一点是真实存在的。同样,时间也可以从未来流向现在,再从现在流向过去。有位禅师曾这样说:"向东走一公里,就是向西走一公里。"这就是至高至上的自由,每个人都应该拥有这样完美的自由。

不过,没有规矩的约束,就无法找到这样的自由。人们(尤其是年轻人)认为自由就是做自己想做的事,"禅"不需要有什么规矩。然而事实上,规矩是完全必要的,但并不意味着时刻受到控制。只要有了规矩,就有了自由的可能。忽略规矩而寻求的自由是惘然无获的。我们之所以打坐禅修,便是为了获得这样的完美自由。

心波

"因为生命的所有面向都被我们看作大念所显现的一切,所以,我们不会沉迷于关注任何无度的享乐。由此,我们便可泰然自若。"

打坐时,不要强迫自己停止思考,应该让它自己停止。头脑中出现某个念头,让它来去自如,很快就会消失。想要停止思考,说明你已经分了心。你不应该被任何事物干扰。这些干扰看似来自外界,但其实是你内心的波动。如果你不在意,这些波动便会逐渐散去。只需五分钟,最多十分钟,即可进入完全沉静的状态。那个时候,你的呼吸会慢下来,而脉搏会稍微变快。

在修行中,你需要花费一些时间才能彻底进入沉静的状态。虽然会涌现很多想法、思绪或想象,但这些都只是你的心波,没有心外之物存在。我们通常认为思想是对外界的感受和体验,但这是错误的,正确的认知是"我们的心,蕴藏包含着万物"。如果你觉得某个想法来自外界,那只是意味着你的内心起了念头。外界的任何事物都无法引起任何波澜，引发内心波动的只有你自己。如果你能做到泰然自居，思绪终会平静下来，这就叫大念。

假如你的内心与外界产生了联系，这样的心就是"小念"，是一颗受限之心。假如切断这些联系，你的内心便不会有二元论的认知。你会认识到，行动举止只是内心的波动，大念会让你以一己而达众生万物。你是否可以分辨这两种心念：一种囊括、包容万物，另一种与他物相连。虽然两者实质上相同，但认知角度大相径庭。认识角度决定了人生态度。

内心通达蕴含万物，这是心的本质。认识到这一点，就会使人产生出虔诚的情感。虽然有波动，但思绪本身是无杂念的，如同荡起微波的一汪清水。事实上，水面上常有涟漪波动，涟漪波动则是水的修行。谈论涟漪波动而不提及水，或谈论水而不提及涟漪波动，都是一种虚妄，因为水和涟漪波动是一体的。大念和小念也同为一颗心。如果你有这样的理解，便拥有了些许安全感。当你的内心不再期许任何外部事物时，你就成了充实自足的人。所以，有内心波动不代表受扰，而是一种丰富扩展。你所感受到的都是大念的一种表达。

　　大念通过不同的体验来丰富自己。一方面，我们的体验是连续不断的，并且总是新鲜的；而另一方面，这些体验不过是大念的连续或重复地展开，别无其他。比如，你早餐时吃到了美食，你会说："真好吃。""好吃"是对之前某种体验的反馈，即便你已经忘了具体的时间。有了大念，接受每一种经验就好比在镜子中的面影里，找到我们自己的脸。所以，不必担心失去这大念，它不来也不往；也不用惧怕死亡、衰老或病痛，因为生命的所有面向都被我们看作大念所显现的一切，所以，我们不会沉迷于关注任何无度的享乐。由此，我们便可泰然自若。正是拥有了这份持有大念的平静，我们才需要练习打坐。

杂念

"你应该感谢头脑中的杂草芜念,因为它们最终将会滋养你的修行。"

清晨被闹铃叫醒,然后起床,我想你不太喜欢这种感受。谁也不愿意早起打坐,即便进了禅室,也要不断地督促自己安稳端坐。这些心理活动都是心念的波动,清净的打坐不应该是心无涟漪的。坐定后,这些波动应该越来越细小,你对自我的督促也会变为某些微妙的感受。

我们常说:"拔掉杂草,把养分留给庄稼。"我们会把拔掉的草埋在庄稼旁边当作肥料。因此,即便修禅时遇到一些困难,即便打坐时出现内心的波动,但这些波动本身给你带来帮助,因此大可不必烦恼。你应该感谢头脑中的杂草芜念,因为它们最终将会滋养你的修行。如果你知道如何将头脑中的杂念转换成"精神养分",那么就会在修禅方面有长足的进步,同时能真切体会杂念成为养分的过程。从哲学或心理学角度诠释修禅并不难,但这种诠释还不够,我们必须亲身感受杂念如何变成养分。

严格来说，在具体修行之中，任何努力都是多余，因为努力会产生心念的波动。然而，不做任何努力又无法获得内心的平静，因此，我们必须在努力的过程之中，同时忘记自己。没有主观或客观，甚至没有一丝意识，只有平静的内心。在这种无意识下，任何努力和想法都会消失。因此，我们有必要鼓励自己，坚持到最后，直至一切努力都消失的那一刻为止。我们应该将注意力放在呼吸上，直至不再感受到呼吸。

我们要不断地保持努力，但同时也不要期待立即达到忘掉所有的境界。专注呼吸便是最实际具体的练习。这份努力随着你持久的打坐，会变得越发纯粹：起初它可能是粗犷的、混乱的，但勤加练习后会越来越纯粹。努力变得纯粹之后，身心也随之纯净下来。这就是修禅之法。一旦认识到我们有内在的能力净化自身和周围环境，便可端正自己的行为，吸取他人的经验，和善地处理人际关系。这是修禅的功德益处。而修禅的方式则仅是以正确的姿势和纯粹的专注力聚焦呼吸——我们这样修禅即可。

禅的精髓

"打坐时，你的身心持有接纳一切事物原本之态的强大力量，无论认同与否。"

《杂阿含经》第33卷中讲到一个说法，将马分为四种：上等马、中等马、下等马和劣等马。上等马不需要主人使用皮鞭就可以轻松驾驭，不论快慢，不论左右；中等马则是等到主人将皮鞭抽到身上后，也能和上等马一样跑得飞快；下等马则要皮鞭打在身上、感到疼痛后，才能跑起来；而劣等马需要经历痛入骨髓的鞭打之后，才会挪动脚步。你可以想象，劣等马学习奔跑的过程是多么的艰难！

故事听到这里，几乎所有人都想成为上等马。即便无法成为上等马，也要成为中等马。在我看来，这是对这则故事的普遍理解，也是对修禅的一般认知。你可能认为，通过打坐就能判断自己在修禅方面是上等马还是劣等马。然而，这是对禅的一种误解。如果你觉得修禅的目的是把自己训练成上等马，那就出问题了，是一个大麻烦，这并非对禅的一种正解。你只要正确地修禅，不论是上等马还是劣等马，都是无关紧要的问题。佛祖慈悲为怀，他会怎样对待这四种马呢？相比于优等者，佛祖会更加怜悯和同情劣等者。

如果以佛祖的大念之心认真修禅，你会发现最可贵的是劣等马。恰恰因为你的缺点和劣势，才会激发你产生坚定的上进求取之心。可以完美打坐的人，通常将更多时间放在找寻与感受禅道和禅的精髓之上；而觉得修禅困难重重的人，会在其间获有更深的体悟。因此，我认为上等马有时可能是劣等马，而劣等马有时会变成上等马。

学过书法的人会发现，天资平平的人，往往更容易成为大书法家。而手法娴熟之人达到一定阶段之后，会遇到很大的瓶颈。这种情况同样适用于艺术和修禅，生活之道亦是如此。因此，在修禅方面，我们不能从字面意思上判断某人"好"或者"差"。每个人的打坐姿势不尽相同，因为有些人根本无法盘腿而坐。但即便无法做到姿势正确，一旦唤醒上进心，便可达成真正意义上的修禅。实际上，相比之下，打坐困难的人比那些轻易便可做到的人，更容易激发出真实的上进求取之心。

我们反思自己的日常行为时总会心怀愧疚。一名学生曾写信对我说:"您送给了我一本日历,我打算要践行每一页上的箴言。不过今年才刚刚开始,我就已经失败了。"道元禅师说:"错上加错。""错"常表示"过失"或"错误","错上加错"的意思是一个接一个地犯错,或者一直错下去。在道元禅师看来,错上加错也是禅。禅师的一生可以说是持续多年的错上加错,这也意味着以专一的态度贯穿始终的努力。

我们常说:"一位好父亲不是一位好父亲。"你能理解这句话吗?认为自己是称职父亲的算不上称职;认为自己是好丈夫的也不是好丈夫。如果有人始终如一地努力成为模范丈夫,那么即便他觉得自己很差,也会成为一名好丈夫。同理,假如你因为疼痛或身体素质等原因无法打坐,那么可用厚厚的坐垫或椅子来协助自己,以任意的姿势打坐。即便你是一匹劣等马,也能体悟参透禅的精髓。

假设你的孩子罹患绝症,而你束手无策,彻夜难眠。巨大的精神压力之下,曾给你无限慰藉的温暖舒适的床，此时也无法让你安静下来。你开始不停地踱步，仍无法消除焦虑。其实，舒缓心情的最好办法就是打坐，虽然此时的你，心情一团糟，姿势也很差。没有在这种情形下打坐的经历，你也谈不上在禅修方面入门。其他方法都不能让你摆脱痛苦，坐立不安的状态无法应对困难。打坐时，在这个通过长期努力习得的坐禅姿势中，你的身心持有接纳一切事物原本之态的强大力量，无论你认同与否。

如果你处于人生不如意之时，打坐是最好的选择，只有这种方法能帮助你接受并解决问题。此时，上等马还是劣等马，打坐的姿势是否标准，这些已无关紧要。所有人都可以修禅，并以此来接受和应对自身的困境。

如果你正处在困境之中，那么对于你来说，哪个更为真实：是困境，还是你自己？你意识到自己在此时此地，这才是终极事实，这也是禅修要告诉你的重点所在。在顺境和逆境中不断地练习，便可参透禅的精髓，获得真正的力量。

非二元论

"停止心念并不是要停止心念的活动,而是让你的心念弥散遍布至你的全身,并将所有心念结为你的手印。"

我们说修禅应该无得失心,无期许执念,甚至哪怕是对开悟的期许,但这指的并不是毫无目的地静坐。消除得失心的修禅,源自《心经》之中的教法。不过,如果稍有不慎,它本身就可能让你拥有了得失心。经文中提及:"色即是空,空即是色。"但如果你执着于此,则会陷入二元论:一方面是你,色;另一方面是空,是你想要通过自己的形相努力去理解的空。因此,"色即是空,空即是色"仍是一种二元思维。幸好,我们的经文继续讲道:"色即是色,空即是空",二元思维也就相应不存在了。

如果你打坐时很难静下心来,需要努力止住心念,那么你处于"色即是空,空即是色"的阶段。以这种二元的状态持续修禅,渐渐地就会

"合二为一"。当修禅不再需要刻意而为，你便能止住心念了，继而进入了"色即是色，空即是空"的阶段。

停止心念并不是要停止心念的活动，而是让你的心念弥散遍布至你的全身，并将所有心念结为你的手印。全身心地打坐时，酸痛的双腿不再是困扰，这也就是没有了得失心的打坐。起初，你会觉得打坐有很多不便之处，当你不再纠结于这些不便时，便明白了"色即是色，空即是空"的含义。因此，在某些桎梏之中寻找出路，便是修禅之道。

这并不意味着做什么都可以称为"修禅"，甚至比如你躺下都是在修禅。只有你突破了重重限制，才是我们所说的修禅。如果你认为："我做的一切都是源自佛性，所以做什么不重要，也无须修禅"；那么便是用二元论的思维来阐释我们的日常生活了。如果这个真的不重要，那你压根也无须说出口。只要你受困于所做的事情，就是二元论的思维方式。如果你不再受困于自己的行为，就不会说出这样的话。坐下就是坐下，吃饭就是吃饭，仅此而已。如果你说"这无所谓"，其实是你以小我之心为某事进行的开脱,证明你执着于某个特定的事情或方法。这并不是我们所说的"打坐就够了"或"你做的一切都是修行"。当然,我们的一切行为都是修行,但既然如此,自然是无须说出口的。

当你打坐时,不受困于酸痛的腿脚和倦怠的状态,你仅仅是坐着,这便是坐禅。不过在最初,接受事物的本相是一件极其困难的事情,修禅时的种种感受会让你抓狂。做任何事情时,无论好坏,如果摆脱情绪的困扰,便是我所说的"色即是色,空即是空"。

假设你罹患癌症,最多还能活两三年,为了寻求精神支柱,你可能会开始进行禅修。有人可能求助上帝的庇护,有人则开始禅修,努力放空自己,逃离二元论思维的痛苦。这是"色即是空,空即是色"的阶段。由于"空"真正存在,他想在生命之中切实地体验到这种状态,有信念,并继续这样践行下去。虽然有一定的帮助效果,但这并不是完满的修禅方式。

深知生命短促,努力过好每分每秒,这便是"色即是色,空即是空"的生活状态。佛祖来了，你欢迎；恶魔来了，你也不抗拒。中国著名的禅宗大师马祖曾说："日面佛，月面佛。"他病了，有人问他："你还好吗？"他答道："日面佛，月面佛。"这便是"色即是色，空即是空"的生活状态，一切都不是问题。只剩一年也好，长命百岁也罢，如果持续修禅，就能达到这样的境界。

　　刚开始修禅的时候，你会遇到很多问题，所以必须付出一番努力才能坚持下去。对于初学者而言，不下苦功的修禅不是真正的修禅，初学者必须十分努力。尤其年轻的初学者，只有全力以赴才能有所收获，你必须竭尽所能地伸展自己的双臂双腿。色即是色，必须坚守自己的路途，直至最终到达，并体悟到忘记自我。在此之前，如果你认为自己所做的一切都是修禅，或者觉得修禅并不重要，这都是全然错误的。但如果你能尽最大的努力全身心投入修禅，无得失心，那么你做什么都是在修禅，只要持续这样的状态就可以了。做事本身便是目的。色即是色，你即是你，而你终将通过修禅实现和达到真正的"空性"。

顶礼跪拜

"顶礼跪拜是一项很严肃的练习。你应该时刻做好顶礼跪拜的准备,即便是在自己生命的最后一刻。虽然我们无法摆脱那些以自我为中心的贪念,但我们仍要必须去做,因为我们的本性希望如此。"

打坐结束后,我们要以头触地,顶礼跪拜九次。跪拜即放下自我,而放下自我便意味着放弃二元论的想法。因此,坐禅和跪拜并无区别。顶礼跪拜,通常表示向比我们自身更值得尊重的事物致敬。不过,当你向佛祖跪拜时,心里不应该有佛祖的概念,应该与佛祖合一,你已是佛祖本身。当你是一个与佛祖合一、与众生合一的人时,你便找到了存在的意义。忘记所有二元论的想法后,万物众生都可成为你的老师,都成为你顶礼跪拜的对象。

你的大念接纳万物众生后,所有二元关系均会随之消散。天地之间,男女之间,师徒之间无有分别。有时男人可以向女人顶礼跪拜,有时女人也可以向男人顶礼跪拜；有时徒弟向师父顶礼跪拜，有时师父也向徒弟顶礼跪拜。无法做到向徒弟跪拜的师父，也无法向佛祖跪拜。有时师父和徒弟一起向佛祖跪拜，有时我们也会向小猫小狗跪拜。

大念之中，万物一切的价值均为平等，众生皆为佛祖本身。你看到的或听到的，都应如其所是地寓于其中。修禅时，你应该对一切诸事如其所是，像礼敬佛祖一样尊重众生，这便是佛性。佛跪拜佛，你跪拜自己，这才是真正的顶礼。

如果你修禅时未能建立这样对大念的坚定信奉，那么你的顶礼跪拜便是二元性的。当你只是你自己，你的顶礼跪拜才面向你真实意义上的自己，你和万物众生合二为一。只有你成为了你自己，你才能真正地向万物众生顶礼跪拜。顶礼跪拜是一项很严肃的练习。你应该时刻做好顶礼跪拜的准备，即便是在自己生命的最后一刻。如果除去其他之事，你能做的只有跪拜，那便跪拜。一定要有这种信念。带着这种信念跪拜，所有的戒律和教义都会被你内化为己有，你的大念也将蕴纳万物众生。

1591年，日本茶道的创始人千利休，遵从主君丰臣秀吉之命切腹自杀。自杀前，千利休说道："我手握这把刀时,佛祖皆无。"他的意思是说,当我们有了大念之剑,便消除了二元世界,唯一留下来的只有这个精神信念。在千利休的茶道中,总是能感受到他这种镇静自若的精神。他从不用任何二元化的方法去做事情,并且做好了随时离世的准备。在一次次的茶道要义之中,他死了,然后再重生。这就是茶道精神,这就是我们应如何顶礼跪拜。

我师父的额头上有一块因叩首跪拜磕出来的茧子。他知道自己是个顽固不化的人,所以一直跪拜,跪拜,跪拜。究其原因,是他内心深处一直回响着他师父的责骂声。他32岁时皈依了曹洞宗,对于日本僧人来说,这个年岁已经很大了。人在年轻时,往往没么固执,能轻松摆脱自我的执念。所以他的师父总是称他为"你这个晚到的家伙",责怪他皈依得太晚了。实际上,他的师父很喜欢他身上的那份固执的个性。我师父70岁时曾说:"我年轻的时候像一只老虎,而现在就像一只猫!"他很开心自己像只猫。

顶礼跪拜能帮助我们消除以自我为中心的想法。摆脱这样的想法并不轻松,甚至很难,所以顶礼跪拜是很宝贵的修行。结果不是重点,提升自我更重要。这是一场没有终点的修行。

每一次顶礼跪拜,都是自己对四弘誓愿的再一次表达。这些誓愿分别是:"众生无边誓愿度;烦恼无尽誓愿断;法门无量誓愿学;佛道无上誓愿成。"如果"佛道无上",又如何能"成"呢?但不管是否可以实现它们,只要我们"誓愿成",这便是佛法。

"因为那是可能的,所以才去做"的想法不是佛法。虽然不可能,但仍要去做,这是本性使然。不过实际上,是否可能并不是关键。如果发自内心想要摒弃以自我为中心的想法,我们就必须要这样做。届时,我们的内心得到满足,涅槃出现。下定决心开始之前,你一定会感到困难重重;而一旦着手去做,便唾手可得。你的努力让内心得到滋养，这是获得平静的唯一途径。内心平静并不是停止一切行为，真正的平静应该在具体行动中获得。我们说："不动获静易，动中获静难，但在具体行动之中获得的平静才是真正的平静。"

修禅一段时间后，你会发现不大可能取得迅速显著的进步。即便你非常努力，收获也是一点一点累积出来的。这一点不同于去洗澡，你站到喷头下面就知道会浑身湿透；修禅更像是行走在迷雾中，不会有明显的感受，但走着走着衣服就湿了。如果你在意增进自己的能力，可能会觉得："天啊，这一步好难！"但实际上并非如此，因为在迷雾中淋湿后，很难再干下来，所以不必担心自己增进的步伐。就像学一门外语，虽无法一夜之间完全掌握，但经过不断地重复，你最终会掌握它。这便是曹洞宗修禅之道。我们可以每日进步一点点，甚至也可以不期待进步。只要虔诚并时时刻刻地付出努力就足够了，涅槃重生，不在修行之外。

稀松平常

"如果能每天坚持这样简单的修习,你将会收获某种神奇的力量。在获得之前,它很神奇;但当你获得之后,一切变得稀松平常。"

打坐后我不喜欢说话,因为练习打坐已经足够了。如果必须说点什么,我想谈谈修禅是何等的美妙。我们的目标是一直修禅,无始无终。严格来讲,这是人类唯一的修炼,也是唯一的生活方式,没有什么其他行为能够相比。修禅是我们真实本性的直接表达。

当然,我们的一切行为都是对本性的表达,但脱离了修禅我们便很难意识到这一点。人类和众生的本性便是有所为。只要我们活着,就要做点什么。不过,如果你想着"我要做这个"或"我必须要做那个",抑或"我必须大有作为",那么实际上你什么也没做。当你放下执念,不再想要什么,也不再追求与众不同,那么你就开始有所作为了。坐禅时你并无他求,你或许会认为自己在做一件了不起的事情,但它其实只是你对真实本性的表达，而做事本身满足了你的内在欲望。不过，如果你出于某种目的而修禅，便不是真正的修禅。

如果能每天坚持这样的修习，你将会收获某种神奇的力量。在获得之前，它很神奇；但当你获得之后，一切变得稀松平常。它只是它自己而已，没任何特别的。一位中国诗人曾写道："庐山烟雨浙江潮，未至千般恨不消。到得还来别无事，庐山烟雨浙江潮。"人们以为亲眼见到烟雨缭绕的群山和一望无际的河流定是一件快事，但如果真的身处其境，看到的也不过是山和水，没什么特别的。

说来也怪，没有体验过开悟的人对此充满了奇妙的幻想。不过一旦有过，会觉得这也没什么。当然，并非"没什么"。你能明白吗？比如对于一位育有子女的母亲来说，生孩子本身不算什么，坐禅也是如此。所以，持续练习就会持续收获——虽然"没什么"，但确实是一种收获。你可将其称之为"宇法性""佛性"或"开悟",有很多不同的叫法,但对于拥有的人来说,既稀松平常,又不同凡响。

我们表达真实本性时,我们是人类;否则,我们不知道自己是什么。我们不是动物,因为我们能用双腿走路。虽然我们和动物有所不同,但我们是什么呢?可能是幽灵鬼怪,可能是叫不上名字的东西,但这种生物并不真实存在,是一种幻觉妄想。我们不再是人类,但依然存在着。当禅不再是禅,一切也就都不存在了。理智地说,我所说的话没有任何意义,但如果你体验过真正的修行,便会明白我在说什么。如果某个事物存在,那它就会有自己真实的本性,也就是它的佛性。佛祖在《涅槃经》中说:"众生皆有佛性。"而道远禅师将其理解为:"众生皆是佛性。"两者是有区别的。如果你说"众生皆有佛性",意思是说佛性在众生之中,佛性和存在是不同的。而如果你说"众生皆是佛性",指的是万物众生即佛性本身。没有了佛性，一切也就什么都没有了。脱离佛性的存在即妄念幻觉。它可能出现在你的脑海之中，但它并不真实存在。

所以，成为人就是成为佛，佛性是人性的另一种说法，是我们真实的人性。也就是说，即便什么都不做，也是一种"做"，你在表达自己，表达自己的真实本性。你的眼睛在表达，声音在表达，行为举止也在表达。最重要的是通过最简单、恰当的方式表达，在最细微之处去体味感受它。

这样持续修炼，一周又一周，一年又一年，你的经验体悟便会越来越深，覆盖日常生活的方方面面。其中的关键在于摒弃得失心和二元论思维。换言之，就是以某种特定的姿势练习打坐，不思考，不期待，只是坐在坐垫上。最终你将会回归你的真实本性，也就是说，你的真实本性终将回归于它自己。

第二章
正确的态度

PART 2
RIGHT ATTITUDE

我们所要强调的是，对我们原初本性的坚定信念。

一心一意

"即使太阳从西边升起,菩提之道依旧唯有一条。"

我讲话的目的并不是给大家传授一些理性的认知,而仅是表达我对禅修的赞许。能和大家一起打坐是一件非同寻常的事。当然,我们做的一切事都可以说是非同寻常,因为我们的生命本身即非同寻常。佛祖说:"生命难得,如同指甲上的尘土,必须珍视。"大家知道,尘土在指甲上很难停留。生命短暂且美好。打坐时,我想永远这么坐下去,但也鼓励自己要多一项练习,比如背诵经文或顶礼跪拜。跪拜时,我觉得"这真好"。不过随后我会改为背诵经文。我讲这番话的目的是表达我对禅修的喜欢,仅此而已。我们打坐不是为了获得什么,而是对真实本性的表达。这便是我们修禅的目的。

如果想要表达真实的本性,你应该找到一些自然舒适的表达方式。哪怕是打坐时左右摆动,或打坐完毕起身,这都是一种自我表达的方式,是修禅的一部分，而非打坐前的准备或是打坐后的休息。所以不要觉得这些是其他事情的铺垫。日常生活也是如此。道元禅师认为，做饭不是铺垫，而是修禅。做饭不仅仅是为别人或自己提供餐食，更是在表达自我的虔诚。所以，做饭时你应该以具体的行动表达自己，留出充足的时间，专心致志，不设预期，安心做饭！这是我们表达虔诚的方式，也是修禅的一部分。打坐时也应如此，但打坐不是唯一的方式。无论做什么，都应该是对内心深处的一种表达。我们应该满足于自己在做的事，没有什么是铺垫。

菩提之道是"一心一意之途"，或者是"千万里的轨途"。铁路的轨道是保持不变的，变宽或变窄都会引发灾祸。无论去向何方，轨道都是一样的，这就是菩提之道。即使太阳从西边升起，菩提之道依旧唯有一条，即时时刻刻都在传达出它的本性和真诚。

虽然我们提到"轨道"，但实际上并没有这个东西，真诚本身就是"轨道"。在火车上看到周围景色变换，但运行的轨道从未变过，无始无终：没有起点，也没有终点；没有目的，也没有目的地。运行在轨道上，就是我们的道，就是禅修的本质。

当你对轨道产生好奇之时，就是危险来临之际。

你不应该看向轨道，盯着轨道会让你头晕目眩。作为乘客，我们欣赏沿途的景色就够了，无须好奇轨道，因为有人照看，佛祖在照看轨道。但有时我们会去琢磨轨道，因为它的一成不变会激发我们的好奇心，进而开始探究：菩萨为什么能保持不变？其中有什么奥秘吗？其实没有，每个人都有着如同轨道一般的本性。

长庆和法福是一对好朋友。二人曾谈及菩萨之道，长庆说："即便阿罗汉（开悟的人）心生邪念，如来（佛祖）也是心口如一。我的意思是，如来确有说法，但并不是二元论。"法福说："虽说如此，但你说的还是不够全面。"长庆问："那么你是如何理解如来的话呢？"法福答："我们就讨论到这吧，先吃杯茶！"法福并没有直面回答，因为我们的道途不可言明。不过，从修禅的角度出发，两人探讨了菩提之道，并且没有期待能找到新的答案。所以法福说："我们就讨论到这吧，先吃杯茶！"

这个回答非常巧妙，不是吗？我们的谈话亦是如此——我说完了，你也就听完了。没必要记住我说的是什么，也无须理解。你已经理解了的，你的内心都已然明白。这就够了。

重复

"如果你都懒得重复,则修禅会变得极为艰难。"

佛陀时期的印度思想和修行均源自一种观念:人的存在是精神和肉体的结合。他们认为肉体是精神的羁绊,而修行的目的是弱化肉体,让精神获得自由和力量。因此,佛陀那时在印度的修行崇尚禁欲主义。但他们实行禁欲后发现,清除肉身的欲求是永无止境的,这会使得宗教修行显得过于理想化,自我与肉身的斗争至死方休。然而,按照印度的这种思想,人类会不断轮回,在轮回中一次又一次地挣扎,却从未真正获得解脱开悟。即便你认为自己可以弱化肉体、解放心灵,也需要一直持续禁欲才管用。而为了能恢复日常生活,你不得不强身健体;为了心力的增长,又不得不再次消减体力,至此陷入循环。这可能是对佛陀经历过的印度修行时期的一种过于简化的解读,让人觉得荒诞,不过时至今日仍有人在坚持这样的修行,因为他们并没有意识到，他们有时甚至把禁欲变成了潜意识。然而，这种修行不会有任何进步。

　　佛陀之道是迥然不同的。他先研究了当时当地的印度修行方式，又体验了禁欲，但激发兴趣的不是人的构成元素，也不是形而上的存在理论，而是自己如何存在于当下。这才是佛陀的关注点。面包是面粉做的，但对于佛陀来说，面粉如何在烤箱里变成面包才是最重要的。他关注的是我们如何开悟。在他和其他人看来，开悟之人有着完满的、令人钦慕的品质，佛祖想要参透人们是如何获得这种理想人格的——古代名人圣贤是如何成长为圣贤的？为了弄明白面团如何变成美味的面包，他做了一遍又一遍，直至深谙其道。这就是他的修行。

　　不过，大家可能都不喜欢每天周而复始地做同一件事情，你会很乏味。如果你都懒得重复，则修禅会变得极为艰难；但如果你充满了活力和热情，一切便迎刃而解。不管怎样，我们不能无所事事，总要做点儿什么。做事时，要善于观察，敏锐警觉，小心细致。具体的方式是把面团放进烤箱，仔细观察。一旦了解了转变的过程，就理解了开悟。因此，凡身肉体如何蜕变成圣贤雅士，便是我们的关注点，而不需思考什么是面粉，什么是面团，什么是圣贤，圣贤就是圣贤。对人性形而上的解释不是关键所在。

所以，我们强调侧重的修行不应该过于理想化。如果一个艺术家太过理想化，很可能他会自杀，因为理想和现实之间有一条无法逾越的鸿沟，一旦找不到跨越通行的桥梁，他便会绝望。这是常见的心路历程，而我们的精神之路不是如此的理想主义。从某种程度上讲，我们应该崇尚理想主义，至少要想办法做出好看又美味的面包！修行实际上就是一次又一次地重复，直至让自己变为"面包"。我们的道途没有秘诀可言，只管打坐修习，把自己放进"烤箱"，就可以了。

禅与激情

"禅不是某种激情,而是聚精会神地关注日常生活。"

师父圆寂那年我30岁,本想在永平寺潜心修禅,却不得不继承他的衣钵去掌管寺院。我变得十分忙碌,而我那时还年轻,吃了不少苦头,也长了不少经验见识。但与真实、平静、安足的生活相比,这些也都不算什么。

持之以恒是十分必要的,禅不是某种激情,而是聚精会神地关注日常生活。过于忙碌和兴奋会让人心浮气躁,这是不好的。如果可以,应该时刻保持清净愉悦的心情,避免亢奋。通常情况下,我们的生活会随着时间的推移变得越发忙碌,现代生活更是如此。但如果偶尔回望来路,沧海桑田令人扼腕,对此我们束手无策。不过,如果我们一旦陷入某种激情或自身的变化中,我们就会被劳碌的生活吞噬,迷失自我。如果心态平和恬静,即便身处嘈杂,也能不受其扰。面对喧嚣和巨变,你依然可以镇定自若。

禅不是一种使人兴奋的东西。有些人出于好奇而开始修禅,最终让自己更加忙碌奔波。如果你的生活因为修禅而变得糟糕,那简直太荒谬可笑了。我觉得一周打坐一次,就够你忙的了。切勿痴迷沉溺于禅。热衷修禅的年轻人经常会放弃学业,跑到深山老林里去打坐。这种兴趣不是真切的。

保持平静的日常练习,你的人格气质自然会建立。如果总是忙忙碌碌,甚至为此过度用力,你就无法去建立,也不会成功。塑造人格类似于做面包——从和面开始,在适宜的温度环境下,一步一步,一点一点完成。每个人都了解自己,知道适合自己的"火候温度",明白自己需要什么。过度兴奋，会让你忘记适合自己的火候温度，从而误入歧途，这是很危险的。

佛陀曾用称职老练的赶牛人的故事，阐释过这个道理。赶牛人了解牛能拉多少货，从不超量。我们每个人也了解自己的方式和状态，切勿超载！佛陀还说过，塑造人格就像是建筑堤坝，一定要小心谨慎。如果总想着一蹴而就，堤坝最后定会漏水。要循序渐进，才能建造牢固的水库堤坝。

我们提倡的平淡无奇的修行之法或许显得有些消极，但实际并非如此。它理智且高效，只不过平实朴素，但我发现很多人尤其是年轻人很难理解这一点。从另一个层面来说，可能有人觉得我讲的是渐悟之法，但同样这也是误解。实际上，我说的是顿悟，因为如果你能以恬淡平静的心修炼，那么日常生活自身便是开悟。

正确的努力

"如果你修行得不错,你可能会自鸣得意。有修为是好事,但你平添了多余的东西——得意。正确的努力是为了摆脱多余的东西。"

修行之中最重要的一点是做正确或者完美的努力。努力的方向一定要正确,如果错了,尤其在不自知的情况下,便是徒劳迷惘的。我们的修行应该从"有所成"转向"无所得"。

通常,我们做事是有目的的,为结果所累。从"有所成"转向"无所得"是摒弃努力所带来的不必要的和不好的结果。如果你秉持"无所得"的心态去做事,你的行为举止之中就会有好的品质。所以只管去做,别带着某种特别的目的和努力。若非如此,做事情的过程之中就夹杂了多余的因素,我们应该摒弃这些多余的因素。如果你修行得不错,你可能会自鸣得意。有所修为是好事,但平添了多余的东西,是你需要摆脱的。这一点至关重要,但我们通常并不会意识到这件事,因此走了弯路。

　　我们所有人都在这样做,犯着相同的错误而不自知。因为意识不到这一点,我们还在继续制造很多问题和麻烦,这种错误的努力称之为"法缚"或"行缚"。你会对某种行为或成就而心生执念,无法自拔。当你陷入二元论思维,便表明你的修行不再纯净。纯净指的不是打磨擦拭,把不纯净的东西擦拭到纯净;纯净的意思是让事物如其所是,如果有他物附着其上,事物本身会变得不纯净。一旦某种事物陷入了二元论的思维,那就是不纯净。如果你想通过打坐获取些什么,说明你的修习已经不再纯净。修炼也好,开悟也罢,都没有问题,只是我们不应该着迷于这些说法,不应该因此受染。打坐时就打坐,开悟了便开悟,不应该受困于此。打坐的效用一直在,即便我们意识不到,我们也应忘掉自己以为的收获,打坐就够了。其他一切会自动显现,那时你将体会到它。

　　有人会问,不带得失心的打坐是什么样的,需要做出怎样的努力。我的答案是:努力摒弃去除修习之中多余的东西。出现多余的想法,就应该消除,保持纯粹的修习——那才是我们努力的方向。

我们说："去听一只手鼓掌的声音。"通常，鼓掌需要两只手，一只手是无法发出声音的。但实际上，一只手就是声音。虽然听不到，但它也会发出声音。拍动双手可听到掌声，但如果拍手前不存在声音，你是无法拍出声响的。在拍手前，声音已经存在了。因为有声音存在，你才能拍出掌声，你才能听见掌声。声音无处不在，只要练习，就有声音。但不要刻意去听，如果不刻意听，处处有声音；如果刻意去听，有时能听到，有时听不到。你明白了吗？虽然你没做什么，却始终拥有禅性。如果你尝试寻找，想要找到禅性，则会失去它。

你以独立的个体存活于世，但成为人身之前，你已经存在，并且一直存在。我们都一直存在着。你明白这一点吗？你可能认为自己在出生之前并不存在，但如果没有你，你又如何能出生呢？因为你已经存在，才能出现在这个世界里。同样，不存在的事物是不会消失的。因为存在，所以才会消失。人们认为人死后会消失，灰飞烟灭。但即便消失，存在的仍然会继续存在。这很神奇。我们自己无法对这个世界施以法术，世界本身就很魔幻。我们看见的东西，可以从我们视野中消失；但如果我们不去看它，它便无法消失。这是因为我们看到了，才能消失；看不到的话，又怎么能消失呢？比如有人看着你，你可以躲起来；但如果没人看着你，你是无法逃离你自己的。

因此，不去特别关注什么，不去特别争得什么，你纯真的本性已然完满自足。理解这一终极事实后，你便没有恐惧。当然困难总是有的，但心中已无惶恐。人们对自己的问题不自知，才是真正的问题。这样的人往往自信满满，觉得自己正朝着正确的方向大步前进。殊不知，他们的所作所为都源自内心的慌张恐惧，对他们而言，有些东西可能会悄然消失。不过，如果努力的方向是正确的，就不用恐惧失去什么。即便方向不对，只要你意识到这一点，也不会因此陷入茫然而错失什么，有的只是正确修行带来的永久纯真本性。

不留痕迹

"做事就要竭尽全力燃烧自己,像一团熊熊的篝火,不留任何自我的痕迹。"

我们打坐时,心态要平静简单。但通常情况下,我们的心态都是忙乱复杂的,很难专心于所做的事情。这是因为行动之前,我们会思考,思考会留下很多痕迹,于是行为会受到预期观念的左右。思考不仅会留下痕迹或阴影,还会让我们对其他行为和事物产生诸多概念。这些痕迹和想法让我们的心态变得极为复杂。当我们做事时心思清净,没有杂念或阴影,我们的行动力直率而强劲。反之,当我们心态纠结,与其他的人、事或物产生关联牵绊,我们的行动也会变得复杂。

在一个具体行动中,很多人都会有两三个想法,总想达到所谓"一石二鸟"的效果。因为想法太多,反倒无法专心做事,最终一只"鸟"也没抓到!这种想法形成的"阴影"会笼罩着我们的行为,但这片"阴影"并不是思考本身。当然,三思而后行是很有必要的，正确地思考是不会产生"阴影"的。留下痕迹是源自我们相对混乱的关心。相对之心指的是把自己和其他事物相关联，从而限制了自己的心。恰恰是这种小我之念会产生得失心，留下自身的痕迹。

如果思考在行动中留下痕迹，人就会执着受限于此。比如，有人说："这是我干的！"但实际并非如此。人们凭借回忆认为自己通过一定的方式做了这件事或那件事，但往往与事实不符。陷入这种思维后，会影响对所做事情的真实感受，困于对成就的执念，产生自私利己的想法。

我们常觉得自己的行为无可挑剔，但实际恐怕并非如此。随着年龄的增长，人们常常沾沾自喜于自己的过往。而听到有人高谈阔论自己过往的成就，其他人都会窃笑，因为他们知道这样的说法仅是当事人的一面之词，和实际发生的不尽相同。不仅如此，这份自豪感甚至还会招来一些其他问题。这样重复的讲述，时间久了，他的性情会变得扭曲，直至冥顽不化。这就是思考痕迹导致的后果。我们当然不能忘记自己的过去，只是不应该留存多余的痕迹。留下痕迹和记住某事不是一回事儿。我们有必要记住自己做的事情，但无须在特别的意义上执着不放，从而陷入其中。所谓"执念"就是这些思想和行为的痕迹。

为了不留下任何痕迹，你在做事时应该全力以赴、专心致志，如同熊熊燃烧的篝火般全情投入，彻底燃烧自己，不能像冒着浓烟的柴火堆。否则，我们的过往便会留下痕迹，尚未燃尽的残余。修禅需要忘我投入，我们修行的目标是彻底燃烧，除去灰烬，不着痕迹。这也是道元所说的："如薪成灰，不重为柴。"灰是灰，彻底的灰烬；而薪柴就是薪柴。一旦有了这样的行动，其他的一切便不会发生。

因此，修禅不是一两个小时的事儿，也不是一天、一年的事儿。假如你全身心投入地打坐修行，即便须臾，那也是禅。

因此，我们应该全情投入修禅中，不遗余力。不过，这里不是让大家忘记所有，而说的是消除所有二元论思维和生活中的烦恼问题。

修禅时，要与禅合二为一，这里没有你，也没有禅。顶礼跪拜时，没有佛祖，也没有你。仅是一个完满彻底的顶礼跪拜就够了。这就是涅槃。佛祖向摩诃迦叶传授修禅时拈花微笑，只有摩诃迦叶明白其中的奥义，其他人都迷惑不解。虽然这件事真实性存疑，但说明了一定的道理，也传达出了我们的传统教法。可以参透一切的修行才是真正的修行，佛祖把其中的奥秘传授给了我们。这就是禅修，不是佛祖的教义，也不是戒律清规。教义或戒规会随着地点、对象发生变化，但修行的奥义不会变，是永远的真理。

因此，对于我们来说，这是我们在世间唯一的生活之法。我认为这一点毋庸置疑，且易于接受、理解和实践。如果将这种生活与当今世界或人类社会相对比，你就会发现佛祖留给我们的真理是多么的宝贵——简单明了,做起来也是简单明了。然而,我们不应因此而将其忽视,必须认识到它的伟大价值。一般情况下,如果某事很简单,我们会说:"噢,我知道!很简单的,哪有人不会呢!"不过,如果没有发现其中的价值,它便失去了意义,这样就等同于不知道。你对文化了解得越深,就越能体会这条教义的真实性和必要性。与其一味地抨击批判自己的文化,不如全身心践行这一简朴的生活之法,而社会和文化就会在你的身上得到彰显。那些对于自己的文化有执念的人往往对它们带着批判的眼光,这也没什么,而这种批判意味着他们正逐步回归到佛祖留下的质朴真理。而我们的方法仅仅就是专注于简单基本的修习,以及对生活的简单基本的理解。我们在具体行动之中不应有痕迹,不执着于神奇的想法或美好的事物,也不寻求益处。真理一直近在咫尺,触手可及。

神赐

"布施即为不执着,也就是说,不执着于任何事物就是布施。"

相对而言,自然万物,芸芸众生,我们创造的所有文化都是某种布施,是给予我们的或者正在给予我们的。众生归一,我们实际上也是在施与一切。我们时时刻刻都在创造着、享受着生命中的喜悦。但这个不断创造和给予的"我"不是"小我",而是"大我"。你可能并未意识到这个"大我"和万物的统一性,不过在你给予时,你会感到快乐,这是因为此时你感受到了自己和施与之物融为一体了。这也就是为什么说给予比索取感觉更好。

佛经有云:"布施能生般若波罗蜜"。"布施"是给予、散发,"般若"是智慧,"波罗蜜"是渡过或到达彼岸。我们的生命可以看作过河,人们终其一生要到达彼岸,即涅槃。般若波罗蜜是真正的生命智慧,在生命的每个阶段都能抵达彼岸。

每一次渡过都能抵达彼岸才是真正的生活。布施般若波罗蜜是六种本真生命之道中的第一种，第二种是"持戒般若波罗蜜"，或叫佛门戒规；第三是"忍辱般若波罗蜜"，强调忍辱忍耐；第四种是"精进般若波罗蜜"，使人努力和精进；第五种是"禅那般若波罗蜜"，意在禅定的重要；第六种是"智慧般若波罗蜜"，揭示智慧的本质。以上六种般若波罗蜜其实是统一整体，我们只是从六个不同的角度观察生活，所以我们分为六种。

道元禅师说："布施即为不执着。"也就是说，不执着于任何事物就是布施，与所给予的东西无关。给一分钱或是一片叶子是布施，传授一段话甚至一个字也是布施。无执念地给予，提供物质和知识的价值是相同的。具有了正确的心念精神，我们的一切行为和所有的创造都是布施。所以道元说："制造东西或参与人类活动是布施；摆渡或造桥也是布施。"事实上，教法中的某一句话可能就会成为一个人生命中的一条渡船！

在基督教的观念中，自然万物都是上帝创造或给予我们的，这一点完美诠释了布施的理念。不过，如果你认为上帝创造了人类，并且自己与上帝无关，那么你可能会觉得自己有能力创造出和神无关的事物，而非拜神所赐，比如人类创造的飞机和高速路。如果我们反复强调："我创造，我创造，我创造……"，很快就会忘记万物真正的创造主是谁，也会把神抛在脑后。人类文明的祸根就在于此。我们需要铭记一点：以"大我"创造才是给予，万物由神创造，人类无法创造并占有所创造的事物。然而，由于我们总是忽视造物主以及造物背后的原因，于是便执着于物质和价值的交换，即便对于"小我"没有任何物质或相关价值，其自身也拥有绝对价值。不执念于某一事物就是承认其绝对价值，做任何事情的基础便在于此，而不是物质价值或以自我为中心的想法。届时，你所作的任何事情都是真正的"给予"，都是布施。

我们盘腿而坐时，基本的创造活动便得到了恢复，具体涉及三个层面。第一种创造是完成打坐后的自我意识。打坐时，没有你我，我们甚至不知道自己是谁，唯有打坐。起身后，我们出现了！这是第一种创造。随着我们的出现，其他一切也都出现了，万物在一瞬间被创造了出来。当我们从虚空中出现，当万物从虚空中出现，我们感觉一切都是新鲜的创造，没有执念。第二种创造是当你有所活动，比如制备饭菜、冲泡茶水等。第三种是自身内部的创造，例如教育、文化、艺术或社会体制等。所以一共有三种创造活动。然而，如果无视第一种，也就是最重要的创造，那么其他两种会变成失去父母的孩子，它们的创造便空无一物。

人们总是会忘记打坐，忘记神，专注于第二和第三种创造，而得不到神助。因为如果没人意识到神的存在，神又如何出手相助呢？这就是为什么这个世界满目疮痍。我们忘记了创造的根基来源，如同失去双亲的孩子一样不知所措。

如能领悟布施般若波罗蜜，就能明白我们是如何给自己制造出这么多麻烦的。当然，活着就是制造麻烦。如果我们不出生，父母也不会有任何问题！我们的出生，就是问题的根源。这一点很正常，任何事物都会产生问题。人们通常认为死亡会结束一切，问题也随之消失，殊不知死亡也可能产生问题！事实上，我们的问题应该在此生得到解决或消融。如果我们能够意识到自己的行为和创造都是"大我"的馈赠，便可摒弃执念，也就不会给自己或他人造成麻烦。

随着时间的推移，我们应该忘记自己的过往所为，这才是真正的不执着。我们应该向前看，向前看需要了解过去，这一点毋庸置疑。只是我们不应该受限于过往，反思借鉴即可。同时，我们还应该对未来有所打算。不过，未来是未来，过去是过去，我们当下应该做一些新的事情。这是我们应该具备的态度，也是在这个世界的生存方式，即布施般若波罗蜜，给予自己，或者为自己创造。全身心投入地做事可恢复我们真正的创造力，这便是我们打坐的原因。铭记这一点，一切都会水到渠成；忽视这一点，世界将一片混沌。

修禅中的错误

"修行之中过多的贪念,会让你对修行产生沮丧的情绪。所以,应该庆幸有这些信号或警示,让你了解修行中的不足。"

你需要了解几种效果较差的修行方式。通常情况下,在你练习打坐时,你会变得特别理想化,会树立一个难以实现的念头或者目标。正如我经常说的,这种行为很不合理。一旦变得理想化,就产生了得失心。实现既定目标后,你又会制订下一个。如此下去,你的修行建立在得失心和理想化的方式之上,你就根本无暇实现心中的理想。不仅如此,我们还会失去修行中最重要的部分,因为我们一直被执念牵着走,总是需要牺牲当下来实现未来的理想,最终一无所获。这是愚蠢的,这样的修行不足道也。比这种理想化的态度危害更大的是与他人比较,这是很粗鄙的修行方式。

曹洞宗提倡的方式要点侧重在打坐上,或者

说,"只管坐着"。其实我们的修行没有什么特别的名称,打坐就是打坐,快乐也罢,不快乐也好,我们依旧打坐;有时,日复一日的重复让我们身心交瘁,困意难挡,我们依旧继续;即便无人结伴相互鼓励,我们也依旧打坐。

即便在没有师父指导的情况下独自打坐,我认为你也可以找到一些方法,来判断自己的修行是否正确。当你对打坐感到疲惫,或者产生厌倦之意,应该察觉到这些给你警醒提示的信号,因为理想化的修行才会让人心生沮丧感。得失心会让你的修行不再纯粹。修行之中过多的贪念,会让你对修行产生沮丧的情绪。所以,应该庆幸有这些信号或警示,让你了解修行中的不足。此时,需要彻底忘记自己的错误,调整方式,重拾修行原本的样子。这一点至关重要。

因此,只要保持修行,你就无比安全,但坚持下去是一件难事,所以你必须找到激励自己的方法。然而,自我激励又无法避免地陷入错误的修行方式,所以我们保持这种独自纯粹修行的路途,可谓极其困难。这也是为何我们要有一个师父的原因。有了师父，他会纠正我们的修行。当然，和师父相处共进也非易事，但起码可以远离避开错误的修行。

大部分禅师都有过一段和自己师父难以相处的时光。当事后他们谈及困难时，你可能会觉得修行就是要吃苦。这其实是不对的。无论吃苦与否，只要坚持，你就是在进行纯粹的修行。即便你可能不自知，但是已经实现了。正如道元禅师所说："不要觉得你一定能觉察到自己的开悟。"无论觉察与否，你都已在修行之中实现了真正的开悟。

修行中遇到的另一个错误是寻找愉悦。如果你的修行中掺杂了快乐，它也不是一种好状态，当然也不是坏事，只是与真正的修行相比，差了一些。在小乘佛教中，修行分为四种。最好的方式是摒弃愉悦，哪怕是精神愉悦，仅仅去做就够了。只是打坐，忘记身心感受，忘记自己。这是第四阶段，或者叫最高阶段。其次一个阶段是修习时仅仅体会到身体的乐趣。这个阶段中，修行会给你带来快乐，而你的修行也是为了获得这份快乐。在第二阶段中，你的身心都会觉得很快乐，感觉很棒。第三阶段和第二阶段的修行是以你能感到其中的快乐为基础动因的；而第一阶段的修行之中，你既没有思考也没有好奇。这四个阶段也适用于大乘佛教的修行，最高阶段仅仅就是打坐修行。

如果在修行中你遇到了困难，那是警示你出现了一些错误念头，需要谨慎对待。不要因此而放弃，要继续下去，了解自己的弱点。没有得失心，没有执念，不要说"我开悟了"或者"这样修行不对"。即便错了，意识到错了之后继续坚持下去，便是正确的修行。我们无法做到至臻完美，但也不要因此气馁，要有毅力，这是修行的奥秘。

如果你想要在挫折沮丧中找到一些鼓励，那么对修行的厌倦本身就是一种鼓励。感到疲倦不堪的时候，你要激励自己。当不想再继续的时候，便是一种警示信号。类似于牙疼，就说明你的牙齿出了问题，你需要看牙医。这就是我们的方法。

冲突的起因是固执或偏见。当所有人都体会到纯粹修行的价值，我们的世界便不再有冲突。这是我们修行和道元禅师之法的要诀所在。道元禅师在其著作《正法眼藏》中反复强调这一点。

如果你理解了冲突的起因是固执或偏见，便可在不同修行中发现意义，并且不受困于此。如果不理解这一点，会很容易陷入某种特定的方法中。你会说："我开悟了！我是这样修行的，其他的方法都不对，我的方法是最好的。"这就大错特错了。真正的修行没有特定的方法，每个人都能找到属于自己的方法，此刻的你应该知道自己使用的是什么方法。了解某种特定修行方法的优势和缺点，就可以毫无风险地去使用它们。但如果你持有偏见，就会无视修行的缺点，一味强化它们的优点，最终会遇到修行最糟糕的一面，进而颇受打击，一蹶不振。这是愚蠢可笑的。我们应该感谢那些指出这些问题所在的长者师辈。

限制行为

"一般说来，如果一个人持有了某种特定的宗教信仰，他对外界的态度通常会变得越来越尖锐。而在我们的方式下，尖锐的态度总是指向自己。"

我们的修行没有特定的目的或目标，也没有特定的崇拜对象。从这一层面看，我们的修行不同于其他宗教。一位伟大的中国禅师赵州说过："金佛不度炉，木佛不度火，泥佛不度水。"如果你的修行指向特定对象，比如金佛、木佛或泥佛，无论是什么，总会有缺陷。因此，修行一旦掺杂特定的目标，效果就会受限。虽然它能帮助你实现特定目标，但回到日常生活中，它就会不管用了。

你或许会认为，如果修行没有特

定的目的或目标,我们就会不知所措,但实际上是有方法的。要想没有目标地修行,就需要限制自己的行为,或者专注于当下所做的事情。头脑中没有目标,有的是对行为的限制。思绪一旦飘忽,人就无法表达自己。如果能把自己的行为固定限制到当下所做的事情,便可以彻底地释放真实本性,也就是普遍的佛性。这就是我们修行的方法。

打坐时,我们把自己的行为限制到最小范围。姿势正确,专注打坐就可以释放本性,进而变成佛,释放佛性。我们没有崇拜某些目标对象,只是专注于当下的行为。跪拜就是跪拜,打坐就是打坐,吃饭就是吃饭。做到了这些,本性即会显现。在日语中叫"一修定"或"一行三昧"。"三昧"是"专注"的意思,"一修"是"一种修行"的意思。

我估计,来这里修禅的人之中,

或许有一些人是有其他信仰的，我不介意。我们的修行与一些特定宗教信仰无关。大家也无须对此有任何戒备，因为这与基督教、神道教或印度教没有任何关系。我们的修行可以面向所有人。一般来说，如果一个人持有了某种特定的宗教信仰，他对外界的态度通常会变得越来越尖锐。而在我们的方式下，尖锐的态度总是指向自己，而不是向外。所以，无须担心禅修和你可能信奉的宗教之间的差别分歧。

赵州禅师关于三种佛的说法，指的是对于将修行指向特定佛陀的人。仅有一个佛陀无法满足你的所有要求，因为某个时候你会将其摒弃，或忽视不见。一旦你理解了我们修行的要义，无论身处何地，你都会掌控自己。在任何情况下，你都不会忽视佛陀，因为你自己就是佛陀。只有这样的佛陀才能从根本上帮助你。

研究自己

"对佛法产生深邃的感受不是关键,我们只需要做应该做的事情,比如就像吃晚饭和上床睡觉。这就是佛法。"

学习佛法的目的不是学习佛法自身,而是研究我们自己。没有教法,我们是无法研究自己的。比如你想要了解水是什么,你需要科学,而科学家需要实验室。在实验室里可以通过不同的方法研究什么是水,进而可以知道水由什么元素组成,有哪些形式,它的性质是什么,但这些实验研究本身无法回答水是什么。我们人类也是如此。我们需要教法指导,不过单靠教法指导也无法参透"我"到底是什么。通过教法,我们或许能明白人性,但这些教法不是我们自己,而是对我们自己的某种阐释。因此,如果你受限于教法或执着于某位师父,便是大错特错了。见到师父之时,也便是你要离开师父的那一刻——你应该独立。你需要有一位师父,这样才能变得独立。

如果你能够不执着于师父，那么他就会给你指引出通达自我的方法。拜师是为了你自己，而不是为了师父。

中国古代禅师临济义玄曾分析自己教授弟子的四种方式。有时他谈论弟子，有时谈论教义，有时阐述弟子或教义，有时却什么也不讲。他知道，即便不给任何指示，弟子依旧是弟子。严格来说，没有必要教弟子，因为弟子本就是佛，虽然弟子自己对此并不自知。即便弟子认识到自己的真实本性，但如若执着于此，便也犯了错。假如他并未觉察到这一点，便拥有了一切。但当他有了这样的意识，并认为觉察到的一切即是自己，实则大错。

对师父所教所授两耳不闻，你只是打坐，这便是"无教之教"。但有时这还不够，所以我们要听讲和讨论。需要注意的是，在特定地点的修行是为了研究我们自己。为了独立，我们需要学习，要像科学家一样，需要使用某些方法工具。我们需要师父，因为自己无法研究自己。但此处不要犯错，不要把在师父那里学到的东西放在自己身上来用。与师父一起学习是日常生活的一部分，是一种持续不间断的行为。从这个角度看，修行和日常生活并没有区别。所以，寻找在禅堂里生活的意义，就是寻找日常生活的意义。领会体悟到生活的意义，就是修行。

我在日本永平寺时，所有人都按部就班做事，没有别的，就像早晨起床一样简单。在永平寺，需要打坐时就打坐，需要顶礼跪拜佛祖时，就顶礼跪拜，就这么简单。修行时，我们不觉得自己有什么特别，甚至不认为自己在过着寺院僧侣的生活。对于我们来说，寺院生活就是正常的生活，从城市里来的人们才是不平常的人。我们看到这样的人，心中会说："呀，这些特别的人来了。"

但后来我离开永平寺一段时间，再次归来时一切就不一样了。我听到了修行中的不同声响——钟声、诵经声——给我很深的感触，让我热泪盈眶，涕泗横流！这是只有寺院外面的人才会有的对这种氛围的感受，而那些正在修行的人不会有相同的体会。我觉得万般诸事皆是如此。风起的日子，松涛阵阵，但或许我们听到可能只是觉得在刮风而已，松树矗立于风中。但在树林中听到风声的人会由此吟诗一首，或感慨万千，情非寻常。所以我想，万般诸事皆是如此。

对佛法的些许感受不是关键所在，感受的好与坏也不是重点。我们不介意具体的内容，佛法并无好坏。我们只是做自己应该做的事情，这就是佛法。当然，我们需要一些激励，但激励只是激励，不是修行的真正目的。激励是一种药物，在我们气馁的时候来给予我们治疗。如果我们精神状态良好，就不需要服用，不应该误把药当饭来吃。有时，药物是必需品，但绝不能成为食物。

所以，临济义玄的四种修行方式中，最完美的是不向弟子讲授阐释他自己，也不给予任何鼓励。如果把我们自己看作身体，那么教法或许就是我们的外衣。我们有时谈论外衣，有时谈论身体。但无论身体还是外衣，其实都不是真正的我们自己。我们本身是宏大的行为，我们所展现出来的只是宏大行为中的最小部分，仅此而已。因此可以谈论我们自己，只是没有必要。开口前，我们已经在表达展现这个宏达的存在了，包括我们自己在内。因此，我们谈论自己的目的，是纠正我们的误解，即那些在宏大行为中特定的、一时的对"相"和"色"的执念。我们需要讨论身体和行为的具体内容，便不会对两者有所误解。所以，讨论自己的目的，实质上是为了忘了自己。

　　道元禅师说："研究佛法是为了研究我们自己，而研究自己是为了忘掉自己。"当我们执着于真实本性的暂时表现时，是需要谈及佛法的，否则会把这些暂时性的表现看成真实本性。但这些真实本性的特殊表达并非其本身，同时又是其本身！某一瞬间，它是真实本性；即在最小的时间单位里，它是真实本性。但并非一直如此：下一瞬间就不是了，便不能称之为真实本性。为了能意识觉察到这一点，有必要学习佛法。学习佛法的目的是研究自己，进而忘掉自己。忘记自己，我们才能成为宏大存在的真实行为，或者说我们就是实相本身。认识到这一点，世间的一切难题皆不复存在，我们可以轻松无碍地享受生活。我们修行的目的就是要觉察认识这一事实。

磨砖作镜

"当你成为你,禅便成了禅。当你是你自己时,你会看到万物如是,你会和周围所在,合而为一。"

我们时时刻刻都有所作为,在你弄明白这个之前,我们很难理解并领会禅法公案。但如果你能确切明白我们是如何活在当下此刻,那么理解公案也不难。禅法公案有很多种,我经常讲青蛙的故事,每次都引得哄堂大笑。青蛙很有意思,坐姿和我们打坐一样,但它并不觉得自己有什么特别。我们在禅堂打坐,会觉得自己在做一件了不起的事情。自己的丈夫或妻子在睡懒觉,我们却在打坐修禅!我们做的是了不起的事情,而我们的伴侣却在偷懒!这可能是我们对修禅的理解。我们再看看那只青蛙,它的坐姿和我们一样,却不知道什么是打坐。再仔细观察,有东西打扰它,它会做个鬼脸;如果有猎物飞过,它会迅速抓住吃掉,一边坐着一边吃。这其实就是修禅——并没什么了不起的。

　　给大家讲一个青蛙公案的故事。著名的禅师马祖道一被大家称为"马大师"，是南岳怀让禅师的弟子，而怀让是禅宗六祖的弟子。道一拜师怀让期间，有一次打坐，道一的身形魁梧高大，说话时舌头会碰到鼻子，声音洪亮，坐禅的功夫应该很厉害。南岳怀让禅师见他打坐时像一座山，也像一只青蛙，于是问道："你在干什么？"道一回答："我在打坐。""你为什么打坐？""我想开悟，我想成佛。"大家知道南岳怀让禅师如何回应的吗？他拿起一块砖，开始打磨。在日本，从砖窑取出砖块后，需要打磨平整。于是南岳怀让禅师拾起砖块开始打磨。道一问道："您在做什么？"怀让禅师回答说："我想把这块砖打磨成镜子。"道一惊讶道："砖头怎么可能磨成镜子呢？""那练习打坐又如何能成佛呢？"怀让禅师反问："你想成佛对吧？凡心之外，没有佛性。马车不动弹，你拿起鞭子是抽这辆车，还是去抽那匹马？"

　　南岳怀让的意思是说，无论你在做什么都是在修禅。真正的禅不受碍于床或者禅堂的限制，即便你的丈夫或者妻子赖在床上，也是修禅。如果你认为："我在这里打坐，而我的爱人在床上睡大觉。"那么即便你在这里盘腿打坐，也不是真正的修禅。你应该永远像一只青蛙一样，那才是真正的修禅。

道元禅师曾这样评价这则公案："马大师成为马大师，禅成为禅。"马祖道一变成马祖道一，打坐是打坐，禅是禅。什么是真正的禅？就是当你成为你！你是你，无论做什么都是在修禅。即便赖在床上睡大觉，大多时候你可能也不是你。在禅堂打坐的大家，我也怀疑有多少人是真正的自己。

还有一则著名的公案。著名的禅师山冈总是自呼其名："山冈？"然后自己回答："在！""山冈？""在！"他独自生活在一间小禅堂中，也当然知道自己是谁，但有时会迷失自己。一旦迷失时，他就会自问自答："山冈？""在！"

如果我们能像青蛙一样，我们便始终是我们自己。不过即便青蛙有时也会迷失自己，摆出不开心的样子。有猎物飞过，它会抓住吃掉。所以我认为青蛙始终在唤醒自己，大家也应该这么做。因为打坐时，我们也会迷失自己。当你困了打瞌睡时，或者心思游移时，你会迷失自己。当你双腿酸痛时——"为什么我的腿这么疼？"——这也是迷失了自己。因为你丢失了自己，你的问题便真的成为你的问题。但如果没有迷失自己，即便困难重重，也不会有任何问题。你只是在问题之中，成为问题的一部分，或者问题成为你的一部分，便没有了问题，因为你就是问题本身，问题就是你自己。这样的话，问题就消失了。

当你的生活永远只是周围环境的一部分——换言之，你把自我换回到当下此刻——也就不存在问题了。如果你开始陷入某种妄想，脱离了自己，那么周围环境就不再真实了，你的头脑也不再真实。如果你自己便是幻象，那周围环境也变成一个烟雾笼盖的幻象。一旦陷入幻象之中，便再无尽头，错觉会接二连三地出现。大部分人都生活在幻象之中，纠缠在问题里，想要解决问题。然而，生活本身就是活在问题之中，解决问题的方法就是成为问题的一部分，与问题合二为一。

所以，你的皮鞭是要打车还是抽马？是要抽打你自己还是问题？如果你尝试质问该敲打谁的时候，说明你已经开始妄想了。你抽打马，车会前进起来。实际上，车和马没有什么区别。当你是你的时候，打车或者打马便不再是一个问题了。当你成为你，禅便成了真正的禅。因此，你打坐的时候，你的问题也在打坐，其他一切都在打坐。即便你的爱人赖在床上，他或她也和你一起在打坐！但如果你不是在真正地打坐，那么就会出现这是你的伴侣，这是你，两者截然不同，彼此相隔。而你在真正地打坐时，其他万物一切同时也在和我们共修。

这就是我们为什么要唤醒自己，像医生给自己问诊一样检查自己。这一点非常重要。这样的练习需要一直持续下去。我们说："夜晚降临，曙光在即"，意思是说夜晚和黎明之间没有间隔。夏天还没结束,秋天已经来临。我们也应该这样理解生活,以这样的理念修行和解决问题。事实上,只要专注地解决问题,一心一意地去努力就够了。磨砖就是修行,成镜不是目的。继续打坐就是真正的修行,与是否能够成佛、是否能磨砖成镜无关。以这样的认识去工作和生活才是关键。这就是我们的修行,真正的坐禅。所以我们说:"吃饭时只管吃饭!"有什么吃什么。有时你并没有吃到,因为虽然你在吃,你的心思却不在这里,也就无法品尝嘴里的食物。只要你吃饭的时候是在吃饭,就够了,不要有任何担忧,因为你是你自己。

当你是你自己时,你会看到万物如是,你会和周围所在,合而为一。这才是你的真我,是真正的修行,像青蛙一样的修行。青蛙是我们修行的榜样——青蛙成为青蛙,禅成为禅。当我们彻底理解了青蛙,也就获得了开悟,你便成为佛。这对于他人也有益处:丈夫、妻子或子女。这就是坐禅!

空性

"觉察体悟到'空性'之态的人，总是能够永保定力地解决自己的问题。"

今天要讲授的是"培养自己的精神"。这里说的不是在自身之外找寻什么，这一点很重要，也是修禅的唯一方法。当然，研读、背诵经文，或者打坐，每种活动都是禅。不过，如果你的努力或者行为的出发点不对，则会适得其反，甚至会伤害你的纯真本性。对禅了解得越深，这种伤害便越严重。你的思想将满是糟粕，内心不再纯净。

我们经常从不同渠道获取各种信息，以此来丰富见识。实际上，这种方法并不能起到任何效果。对于佛道的认识不仅仅在于收集和获取信息。相反，我们应该清空头脑。只要头脑清醒，真知灼见自然归你所有。以纯净的心态听课受教，你便能像早已熟知事情一样去接纳。这便是"空"，是"全能自我"或"全知"。当你无所不知时，你便如同一片夜空。有时夜空之中会划过一道闪电，消失后，我们就忘了，除了黑黑的天空，不会留下任何痕迹。天空从不惊讶于突然出现的一声雷响。闪电划过的瞬间应该是个让人惊艳的场景。我们处于空性的状态，就随时准备好了看到闪电划过的时刻。

在中国，庐山以雾景闻名于世。我还没去过中国，但那里想必有很多壮丽的大山。在群山间远眺云海，或是忽聚忽散的迷雾，一定赏心悦目。虽然景色秀美，但有一首中国古诗这样写道："庐山烟雨浙江潮，未至千般恨不消。到得还来别无事，庐山烟雨浙江潮。"虽然壮美，但也不过如此。这就是我们欣赏事物的方法。

所以，接受新知识要像自己已经知道了一样。这并不是说把各种信息作为自己观点的回声共鸣，而是不惊讶于任何所见所闻。如果接受知识只是为了共鸣，则无法真正看见或者接受。"庐山烟雨浙江潮"，指的并不是通过回忆以往看过的景色来作对比："这不算什么，我以前看过。"或者"我画过更好看的画，庐山算不了什么！"这不是我们的态度。我们要时刻接受事物原本的样子，像是接受老朋友一样接受它们，即便心里的感受是新的。

我们不要"囤储"知识，应该让我们自己从知识中解放出来。假如你收集很多知识片段，或许作为收藏品是很不错的事儿，但并不是我们应该做的。我们别用这种珍宝收藏去使人惊讶，也不应该关注不寻常的东西。想要完全彻底地欣赏某物，你就需要忘掉自己，要如同接受漆黑夜空中划过闪电一样去接受它。

我们有时觉得自己没法理解不熟悉的事物，但实际上不存在我们不熟悉的事物。有人说："佛教太难了，和我们的文化差别太大，我们怎么可能理解东方思想呢？"佛教当然不能脱离文化背景，这一点毋庸置疑。不过，当一名日本佛教徒来到美国，他便不再是日本人了。我生活在你们的文化中，和你们吃几乎一样的食物，用你们的语言和大家交流，虽然大家对我还有些陌生，但我想要了解你们。并且，与其他会说英语的人相比，我对你们的了解可能更深入一些。真是这样。即便我听不懂英语，我想我也能和大家沟通。只要我们在至暗夜色的天空之下，生活在"空性"之中，就有可能理解彼此。

我总是强调，如果你想要理解佛教，必须要有足够的耐性。不过，我一直在寻找比"耐性"更贴切的词。日语"忍"一般翻译为"耐性"，但"坚定"可能是更为妥帖的词语。因为"耐性"需要自我强迫，而"坚定"不需要做特别的努力——它是一种能够接受事物本真的持久力。对"空"没有概念的人可能会认为此种能力就是"忍耐"，但忍耐可以是"不接受"。即便靠直觉了解"空"的人，也总是有可能接受并欣赏事物原本的样子。他们在做事时即便遇到困难，也总会有办法依靠坚定之力来解决问题。

"忍"是塑造我们自己精神的方法，也是我们持续修行的途径。我们应该总是生活在黑暗空旷的天空之下。天空是永恒的，虽然乌云和闪电会出现，但天空不为所动。同样，即便开悟的闪电划过，我们的修行也会将它全都忘掉，这样才能迎接下一次开悟。我们需要一次次的开悟，如果可以，是时时刻刻的开悟。这才是真正的开悟，存在于你开悟之前，也存在于你开悟之后。

沟通

"不刻意，不夸张修饰，本真地表达自我才是最关键的事情。"

沟通在修禅中颇为重要。我外语说得不好，所以我总是寻求合适的方式来和你们沟通，这种努力我觉得一定会有好的效果。我们常说，如果你不理解师父所说的话，那你便无法成为其弟子。理解师父的言语，或掌握师父所用的语言就是理解了师父这个人。在这个基础上，你会发现语言不只是普通的话语，更有广阔深意。通过师父的语言，你会领悟到更多师父的话外之意。

我们说话时，总是难免引入主观意愿或情境，所以词不达意，甚至曲解的情况时有发生。不过无论怎样，透过师父的话语，我们应该理解的是客观事实本身——终极事实。这里指的不是永恒或是持续的情况，而是事物每时每刻的本真状态——你也可以称它为"存在"或"实相"。

我们修禅和学佛的目的就是为了直接理解

实相。通过修习学佛，你将会理解你的人性、心智以及呈现在人类行为活动中的真实本相。在理解现实本相的过程中，可以把自我的人性作为思考的维度。不过，只有通过实际的修禅才能直接体会现实本相，真正意义上理解师父或佛祖所说的话。严格意义上讲，实相无法言说。然而，如果你是一名禅的弟子，则需要通过师父的话来直接理解它。

师父的直接表达或许不仅限于言语，他的行为举止本身也是一种自我表达方式。修禅时，我们强调举止或行为。这里的"行为"指的不是你依照特定的行为方式，而是对自己的自然表达。我们注重坦率，忠实自己的感受和内心，毫无保留地表达自己。这样方便聆听者更轻松地理解。

听别人说话时，我们应该放下所有预设观念和主观想法，只是聆听和观察，不在意对错或好坏。我们只需要观察他的本真所在，接受它们。这是我们与人沟通所应有的方式。通常，你会把别人的话当作自己的回声，实际上你是在倾听你自己的想法。如果与你自己的想法一致，你就会接受；如果相冲突，你就会嫌弃，甚至当成耳边风。这是我们聆听时会遇到的风险之一。另一种风险是受困于言语观点之中。如果我们没有真正理解师父的话语表达，就很容易陷入自我的主观意见，或纠结于特定的表达方式。把听到的话语仅仅当作表态，并没有理解背后蕴藏的精神，这种风险也一直存在。

父母和子女之间很难顺畅沟通，是因为父母总是有自己的意图想法。虽然他们的用心总是好的，但说话或表达的方式通常欠妥，要么太偏激，要么太理想化。每个人都有自己的表达方式，不太容易根据实际情况做出调整。如果父母能够根据不同场合使用不同的方式表达自己，那么子女教育就不再是问题。不过，这一点真的很难做到。即便禅师也有自己的表达方式。西有禅师责备弟子时常脱口而出："滚！"其中一名弟子听后，真的就离开了寺庙！但师父的本意并不是将弟子扫地出门，只是他的表达习惯而已。他本该说："下回注意！"实际却说成："滚！"如果父母有这样的脾气习惯，就很容易引起我们的误解。这样的风险在我们的日常生活之中比比皆是。因此，身为倾听者或弟子，我们有必要厘清心头之中的各种曲解。头脑中满是预设想法、主观目的或习惯定势，我们是很难接受事物原本样子的。这就是我们修禅的原因：把内心打扫干净，清除它与其他事物的关联。

十分自然地面对自己，以最恰当的方式接受他人的言行，是极其困难的。如果我们有意去做调整，就无法做到保持自然；如果以某种特定方式改变自己，就必然会迷失自我。所以，不刻意，不夸张修饰，自由地表达自我，是愉悦自己和他人的关键所在，而修禅就能获得这样的能力。禅不是什么花哨特别的生活艺术，我们倡导的就是去生活，并且时刻具体确切地去生活。时时刻刻，付出努力，这就是我们的方法。具体来讲，在生活之中我们唯一能学到的事情，实则就是我们每时每刻的具体行动。我们甚至无法学习佛祖的教诲，因为要精准学习它们就意味着，时时刻刻参透眼前的每一个行为。因此，我们应该全身心投入自己所做的事情上，主观和客观上都要忠于自我，特别是忠于我们的感受。即便情绪低落时，在表达的时候也最好不要有意外所指，因此你应该说："抱歉，我不是很开心。"这样就够了。不要说："都是因为你！"这样太过分了。我们可以说："抱歉，我对你很生气。"当我们生气时，没必要假装自己没生气，你只要说："我生气了。"这就足够了。

真正的沟通取决于彼此之间的坦诚。禅师都非常坦诚，如果你无法直接通过师父的话语理解实相，他可能会对你当头棒喝："怎么回事？"我们的方法就是这么直截了当。但这其实不是禅，也不是我们传统之道。不过当我们要表达的时候，我们发现这种方法有时更奏效。然而，最佳的沟通方式或许还是打坐，不言不语，你便会了解禅的全部意义。如果一定要通过我用棍棒相加的方法来和你沟通，那最终即便是我疯掉，或者是你死掉，其实也是没有用的。最好的方法就是只管打坐。

消极与积极

"大念是需要你去表达的,而不是要你去探究猜度的。大念是你本具自足的,不是要你觅求追寻的。"

对我们的思想理解得越深,越觉得它难以讨论。我说此话的目的是将我们的修行之道向大家做一些介绍,但实际上这些内容并不是用来说的,而是用来做的。最恰当的方式是只做不说。因为说话时总是会产生误解,所说的内容至少存在两面:消极的一面和积极的一面。谈论消极的一面,就会漏掉积极的一面;反之亦然。我们没有办法同时谈及消极和积极,所以也就不知道该说些什么,讨论佛法变得几乎不可能。因此,不说话,只管修习,就是最佳的方式。比如伸出一根手指或画一个圆圈,都可以,或者就是顶礼跪拜。

懂得了这一点,我们便知道如何谈论佛法,也便学会了如何进行完美的沟通。谈论某事是我们修行的一部分,倾听这样的谈论,同样也是修行的一部分。打坐时，我们只是打坐，无任何得失心。谈论某事时，我们也只是谈论某事，仅仅是讲消极或积极的方面，不意图传达任何某些智识上的理解或偏颇观点。聆听时，也不试图理解智识上的看法或听信一面之词。这就是我们谈论教法和聆听对话所具有的方式。

曹洞宗的道一直有双重含义：积极和消极。同样，我们的修行之道既是小乘的，也是大乘的。我总是说我们是小乘式的修行，但实际上我们以大乘的精神进行小乘的修行——心无定式，形身严苛。尽管我们的修行看起来非常正式，但心态相反。我们每天早晨以相同的方式打坐，但这不足以称之为形式化的修行。修行是否为形式化，取决于你的分别心，修行本身并不存在形式化与非形式化。如果你心怀大乘之念，那么人们称之为形式化的东西，可能是非形式化的。所以我们说，以小乘的方式持戒，而在大乘的角度来看无异于是在犯戒。如若你只是形式化地守持戒律，你就失去了大乘的精神。不理解这一点，总会遇到这样的问题：是应该严苛地遵守教条戒律呢，还是压根也不用顾忌那些形式呢？如果彻底理解我们的修行之道，就不会有这样的问题，因为无论做什么都是修行。只要怀有大乘之念，就不用有大乘和小乘的修行之别。虽然看起来好像触犯了戒律，但实际上是在真切地守持着它们，关键在于我们拥有的是大念还是小念。简言之，做任何事情时不纠缠于善恶好坏，倾注所有，便是我们的修行之道。

道元禅师曾说："和别人谈论某事时，如果对方不接受你的看法，切勿解释，也不要争辩。只要倾听对方的反对意见，直到对方发现自己错在哪里。"这一点很有趣，我们不要把自己的想法强加于人，应该和对方一起思考。如果你觉得自己在辩论中赢了，那也是不对的态度。不要想着在争辩之中赢得对方，只需要倾听即可，不过摆出认输的样子，也是不对的。通常，我们说话时倾向于"兜售"教法或强加我们的观点见解，但禅门弟子之间的说话或聆听，都没有特别的意图。我们有时表达，有时倾听，就是这样。如同彼此打个招呼："早上好！"我们就是通过这样的沟通，来精进我们的修行之道。

不发一言虽然很好，但没有理由永远保持沉默。无论我们做什么，甚至什么都不做，都是修行，是心有大念的表达。因此，大念是需要你去表达的，而不是要你去探究猜度的。大念是你本具自足的，不是要你觅求追寻的。大念是可以讨论的，或通过我们的行为来传达的，是可以享受的。如果我们做到这一点，以我们的方式来持戒守规，就不会有小乘和大乘之分。只有当我们试图通过严格、形式化的修行获取什么的时候，才会出现这样的问题。如果我们将遇到的问题视作大念的表达而欣然接受，那它便不再是问题。我们的问题有时是因为大念过于复杂，有时则是由于大念又过于简单而无法参透。大念固然仍是大念，正因为我们想要弄明白它，想要把复杂的大念简单化，这才有了问题。所以，生活中是否会出现问题取决于我们的态度和理解。如果你怀有大乘之心，那么理解真理的双重性和悖论性就完全不是问题。真真切切地打坐修禅，便可以带来这样的心。

涅槃和瀑布

"生与死是同一件事，明白了这一点，我们就不再恐惧死亡，生活中也不会有任何实质的难题。"

如果你去日本参观永平寺，走进寺庙之前会看到一座小桥，名为"半斗桥"。道元禅师当年在河里打水，每次都只取半斗，把其余的倒回河里，而不是随意泼掉。这就是为什么这座桥叫"半斗桥"。我们在永平寺洗脸的时候，脸盆也只盛七成水。洗漱完毕后，会把水朝我们自己的方向倒掉，而不是撒向别的地方，以表示对水的尊重，而非基于什么经济方面的考虑。人们可能很难理解道元为什么要把半斗水倒回河里，因为这种行为超出了我们的认知。当我们感受到河流的美，与水融为一体后，我们也会本能地和道元禅师做一样的事情——我们真实的本性如是。但如果你的真实本性被经济或效率的想法遮盖，就无法理解道元禅师了。

我去过约塞米蒂国家公园，看到了几处壮观的大瀑布，最高的瀑布可达400多米。河水如同帘幕一样从山顶落下，不像我们想象的那样湍急，而是缓缓而下。瀑布也不是整体落下，而是由许多小水流组成，从远处看去宛若一块帘幕。我想，对于每一滴水来说，从那么高的地方落下肯定是一次痛苦的经历，落到山底需要时间，那是一个很漫长的过程。在我看来，人的生命也是如此，一生中有许多痛苦的境遇。但同时，我想河水原本没有分开，而是一个整体。只有分流时，才有在下落之中的痛苦体验。打个比方来说，水作为一条整体河流的时候是没有任何感觉的，只有分开成为不同的水滴时，才拥有或展现出情感。我们把水视为一条河流时，不会感受到水的流动；但当我们用勺子舀起一些水的话，就能体会到水的感受，也能体会用水之人的价值所在。从这个角度感受我们自身和水，水就不再是物质，它是有生命的。

我们出生之前，没有任何感受，与宇宙融为一体，叫作"唯识"，或"心体"，或"大念"。出生后，我们便脱离了这种统一体，如同河水下落时被风和岩石分开一样，于是我们有了情欲感知，随之而来的是对困境的感受。你执着于这样的困境烦恼，而无从知晓它们是如何产生的。当你意识不到自己与河流或整个宇宙融为一体，由此便产生了恐惧。无论是否分成无数个小水滴，水依然是水；而生与死也是同一件事，明白了这一点，我们就不再恐惧死亡，生活中也不会有任何实质的难题。

当水回归河流，再次融为一体，就不再有任何个体的感受。水恢复了本性，找回了沉静。水滴重回原本的河流，它应该有多开心啊！同样如此，那我们死去的时候该是什么感受呢？我想我们应该像容器里的水，也会回归沉静，安谧完满。但此刻，这对于我们来说太过完美，因为我们正沉溺执着于自己的情感，执着于个体的存在。我们现在对死亡充满恐惧，不过一旦我们恢复到原初的本性，就涅槃了。这就是为什么我们说："涅槃就是逝去。""去世"可能不够准确，或许更应该说"往生""继续"或"加入"。你觉得有哪些词语能更好地表达死亡呢？如果你发现了，就会对生命有一个新的诠释。正如我看到大瀑布时的感受一样。想象一下，400多米高！

我们说："一切源自空。"一整条河，一整颗心，都是空的。理解这一点，就找到了生命的真正意义，会看到生命之美。理解不了这一点，我们看到的一切都是虚妄，有时会过分高估这份美，有时会低估甚至忽视这份美，因为我们的小我之念与现实无法同步。

说出这样的话很简单，但做到感同身受很难。不过，我们可以通过坐禅来培养这样的感受。如果我们能全身关注地去打坐，坐到身心合一、万物合一的境界，你就能轻松实现这样的感受，日常生活会焕然一新，不再执着于生活中的那些陈规陋习。在这个基础上，我们会发现过往的认知是多么的虚妄，自己又做了多少无用的努力。我们由此会找到生命的真正意义，即便人生仍如瀑布一样，从山顶坠落谷底，历尽艰辛，但我们也能够享受生命之旅。

第三章　PART 3
正确的理解　**RIGHT UNDERSTANDING**

对于佛法的理解,我们不能只是停留在智识上的理解,真正的理解是实际的修行本身。

禅法的传统精神

"如果一心想要开悟,就会心生业力,并被其驱使,那么打坐也就成了浪费时间的事情。"

修行之法最重要的在于身体姿势和呼吸方式,不在于我们是否对佛有较深的认知。作为一门哲学,佛教有一套宽广深邃、严谨坚定的思想体系;但禅不是哲学领悟,强调的是修行,我们需要理解的是为什么姿势和呼吸特别重要。相较于对教法的深度理解,我们需要的是一种强大坚定的信力,也就是说,坚信我们具有与生俱来的佛性,我们的修行便以此为基础。

菩提达摩来到中国之前,几乎所有常见的禅宗术语都已经在用了。比如,有个词叫"顿悟",虽然这个词被翻译成"sudden enlightenment"并不是很恰当,但我暂时先这样用。我们的突然开悟,才是真正的开悟。在菩提达摩之前,人们以为顿悟的出现,需要长时间的铺垫,这样的话，修禅便是为走向开悟的一种训练。实际上，时至今日，还有很多人抱着这样的想法修禅。然而，这并不是对禅的传统理解。佛祖传递给我们的认知是，只要你开始打坐修禅，就开悟了，无须任何准备。无论打坐修禅与否，我们本具佛性，正因为本具佛性，修禅之中便有了开悟。我们强调的不是修行到哪个阶段，而是对于原初本性的坚定信力以及对修禅的虔诚之念。我们修禅时应该和佛祖一样虔诚。如果我们的佛性本自具足，那么我们修禅就是为了能像佛祖一样去做事，传承我们的修行之道就是传承佛祖给予我们的精神。因此，我们需要借助传统方式让我们的精神、肉体和行为协调统一。当然，你可能会达到某一特定的阶段，但修禅的动因不应该建立在自利心态的基础之上。

依照佛教传统的理解，人性之中是没有自我的。如果我们没有了自我的概念，便拥有了佛祖的人生观。以自我为中心的想法是幻象，遮盖了我们的佛性。我们不停地制造并追随这样的想法，一次次地重复其中，直到我们的生命之中全部充斥着自我中心的念头和想法。这叫作业力之命或业力。佛教徒的生命不应该是业力之命，修禅的目的是斩断业力撕扯的心念。如果一心想要开悟，就会心生业力，并被其驱使，那么打坐也就成了浪费时间的事情。依照菩提达摩的理解，基于得失心的修行会不断出现业力。后来的众多禅者大师将其忘诸脑后，强调通过修行来达到某个阶段。

比达到某个阶段更重要的是你虔诚的态度和正确努力的方式。正确的努力，一定来自对传统修禅的正确理解。理解这一点，我们就会明白为什么必须要保持正确的姿势。否则，我们就会认为姿势和呼吸之法只是一种获得开悟的手段。如果你心里是这样想的，还不如直接去吃药，没必要在这里盘腿打坐！如果修禅只是开悟的一种手段，那么我们永远无法实现！也失去了实现目的的意义。但如果我们坚信我们的修行之道，那么实际上我们已经开悟。当你相信你的道，开悟便于其中。然而，如果你不相信现在修行所做的一切，便会心猿意马，一无所获，总是盲目地寻找，却不知道自己在做什么。要看到事物，你就要睁开眼睛。如果我们不理解菩提达摩的禅，就像闭着眼睛看东西一样。我们不是贬低追求开悟的念头和想法，而是强调最重要的是当下此刻，不是未来的某一天。我们应该努力在当下，这才是修禅中最重要的事情。

在菩提达摩之前，对于佛祖教义的学习，其结果是形成了高深博大的佛教哲学，大家开始追求崇高的认知。这是错误的。制造高深博大的概念，然后试图通过修禅来实现，在菩提达摩看来是不可取的。如果这是修禅，那么修禅便和我们的日常活动、心猿意马之举，没有任何区别。虽然看起来似乎很棒，高尚神圣，但实际上和心猿意马并无二致。这是菩提达摩强调的要点。

佛祖开悟之前，他为我们做了各种各样的努力尝试，最终对种种不同之道形成了深入透彻的理解。你可能觉得佛祖达到了可以摆脱业力之命、获得自由的阶段，但其实并没有。佛祖开悟后讲过很多故事，和我们的经历如出一辙。当时他的祖国正与强大的邻国交战，他与弟子倾述了自己的业报：看到祖国将被邻国占领，他的内心无比伤痛。如果他当时已经成为一个开悟之人，便没有了业报，也就不会因此而难过。而且，在他开悟之后，还是像我们一样继续修行。他的人生观没有动摇，坚如磐石；他观察着众生的生命，包括他自己的生命。他以同样的眼光观察自己和众生，如同在观察石头、植物和其他任何事物一样。他形成了一种非常科学的认知。这便是他开悟后的生活方式。

我们以传统的精神去追随真相，不带任何自利心态地走在修禅之路上，便可以获得真正的开悟。理解这一点，我们每时每刻都会竭尽全力，才是对佛法的正见。所以，对于佛道的理解不止于智识层面，它同时也是佛法自身的一种表达，即修禅本身。理解佛道，靠的不是研读或哲思，而是实实在在地打坐修禅，持续修禅，坚信本性，打破业力的束缚，找到自己在真实修行世界中的位置。

无常

"我们应该在不完美的存在中发现完美的存在。"

佛教基本的教义是无常或变化。万物众生存在的基本规律,就是变化无常,毋庸置疑,佛教的所有教义都可以浓缩其中。它适用于我们每个人,放之四海而皆准。这一点也可以理解为"无我之法",因为所有存在都是在不断变化之中,所以不存在恒定的"自性"。实际上,每个存在的"自性"就是变化本身,这也是所有存在的"自性"。每个存在都没有特殊或独立的自性,也叫作"涅槃之法"。当我们认识到"万物皆变"这一不变的事实,内心由此获得宁静,那我们自己便已于涅槃之中。

不接受世事无常,就无法获得完满的宁静。不幸的是,虽然这一点千真万确,但接受起来非常困难。因为我们无法接受无常,所以痛苦万分。可见,痛苦的根源是我们对这一事实的抗拒。所以，痛苦的根源和世事无常其实是硬币的两面。从主观来看，无常是痛苦之源；从客观来看，教义传达的万物皆变是一个基本规律。道元禅师说："如果一种教义没有强加于你接纳什么，便不是真正的教义。"教义本身是真实的，并没有强加任何什么给我们，只是因为人性的倾向，我们会觉得教义是被强迫接受。不过，无论我们的感觉如何，它确实是真理。如果一切都不存在，那么这个真理也不复存在。佛法存在，是因为每一个特定存在的存在。

我们应该通过不完美的存在找到完美的存在，在不完美的存在中发现完美的存在。对于我们来说，完美和不完美是一回事。永恒之所以存在是因为并没有永恒的存在。佛法认为，期许得到这个世界之外的东西，这本身就是一种异见歪理。我们不应该寻求自身之外的东西，而应该通过我们的困难和痛苦，在这个世界中找寻真相——这是佛法的基本教义。快乐和痛苦无异，好与坏也没有不同。坏就是好，好就是坏，它们是硬币的两面。所以，应该在修行中开悟,才是对修行的正确认知,也是对生活的正确认知。只有在痛苦中寻找快乐,才是我们接受无常的唯一途径。如果无法接受这一点,你便无法生活在这个世界中。即使想要逃脱,结果都是徒然。如果有人觉得有其他方式接受万事皆变的永恒真理,那便是你的妄想。这是在这个世界的基本生存之道,无论对此有什么看法,都需要接受。你必须做这样的努力。

在我们强大到能够苦中作乐之前,都需要坚持这样的努力。实际上,如果你足够诚实,足够坦率,便很容易接受这一事实。我们可以稍稍改变自己的想法,虽然很难,但并非一直如此。有时棘手,有时又很轻松。如果你正在经历痛苦,万事皆变的教义或许会给你些许宽慰。当我们身处困境,就很容易接受这一事实。那么为什么在其他时候就无法接受呢?本来都是一回事。我们有时会笑话自己,发现了自己的自私狭隘。但无论我们对这一教义感受如何,改变思考方式,接受世事无常这一真理,对你来说是十分重要的。

存在的本质

"当你做事时,如果能心思坚定地投入到行动中,那么你心念之态的本质就是行动本身。当你专注自身存在的本质,也就做好了行动的准备。"

我们修禅的目的是在存在之中获得自由——身心的双重自由。按照道元禅师的看法,每一个存在不过是广袤的现象世界中的一道闪电。每一个存在都是其自身本质的另一种呈现。我总是在拂晓前看星星,它们不过是以极速方式在浩瀚遥远天体之间发出的光。但对于我来说,星星没有高速移动,而是安静、稳定、平和的存在。我们说:"静中有动,动中有静。"实际上它们是一回事。"静"或"动"只是一个事实的两种不同表达。我们的活动之中存在着和谐,和谐之中存在着安静,而这种和谐便是本质的存在。但存在的本质,无非是存在的高速运动,别无其他。打坐时,我们感到非常平静安详,却感受不到我们的存在，到底有着什么样的活动。正因为我们的身体系统处于完美的和谐状态，所以我们才感受到内心的宁静。即便我们没有察觉，依然是存在的。因此，我们没有必要纠结于静或动。当你做事时，如果能心思坚定地投入到行动中，那么你心念之态的本质就是行动本身。当你专注自身存在的本质，也就做好了行动的准备。运动无非就是我们存在的本质。我们打坐时，平静、稳定、安详的本质，便是存在本身无限运动的本质。

"每一个存在不过是广袤的现象世界中的一道闪电"，指的是我们的活动和存在是自由的。如果打坐的方式正确，有着正确的认知，便可获得存在的自由，即便我们转瞬即逝。在这一刻里，我们短暂的存在没有改变，没有移动，永远独立于其他存在。下一刻，出现另一个存在，我们可能变成了别的什么。严格来讲，昨天的我和此刻的我没什么联系，或者说没有任何联系。道元禅师说："木炭不会成为灰烬。"灰烬是灰烬，不属于木炭，二者有各自的过去和未来，是独立的存在，因为它们皆为广袤现象世界中的一道闪电。并且,木炭和烈火是不同的存在,黑色的木炭同样也是广袤现象世界中的一道闪电。是黑色的木炭,那就不会是通红的木炭。因此,黑色木炭独立于燃烧着的红色木炭,灰烬独立于薪柴,任何一个存在都是独立的。

今天的我坐在洛思阿图斯,明早我可能就出现在了旧金山。洛思阿图斯的"我"与旧金山的"我"没有任何联系,是不同的存在。我们由此有了存在的自由。你们和我之间没有本质的关联:当我说"你"时,就没有"我";说"我"时,就没有"你"。你是独立的,我也是独立的,各自存在于不同的刹那瞬间。然而,这并不意味着你我是截然不同的存在。我们实际上是同一个,是相同的存在,虽然自相矛盾,但事实的确如此。因为我们是独立的存在,每个人都是广袤现象世界中的一道完整闪电。我打坐时,四下无人,并不是说我忽视了大家,而是我与现象世界中的一切存在合为一体。所以我打坐时,你就打坐,世间一切都与我同坐,这是我们的坐禅之道。你打坐时，世间一切也都陪着你坐着，它们一同构成了你存在的本质。我成了你的一部分，构成了你存在的本质。在这样的修行中，我们由此能够得到了超脱于一切之外的绝对自由。如果你理解了这个秘密，那么你的修禅和日常生活并无差别，你便可以随心所欲地诠释一切。

一幅漂亮的画作是指尖感受的结晶。如果你能够感受到笔刷上墨水的浓度，那么未动手下笔之前，画作已经成竹在胸。毛笔触碰墨汁的那一刻，你便已经知晓能画出什么。如若不然，你压根没法下笔的。因此，在你做事之前，"存在"已经存在，结果已经显现。虽然你看起来正在安静地打坐，但你所有的行动，过去的和现在的，都已经囊括其中，打坐的成效也已经存在。你根本不是在休息，所有的活动都已于你的内在之中，这就是你的存在；因此，所有修行的结果，都在你的打坐之中，这就是我们的修行，我们的禅。

道元禅师在很小的时候就对佛教产生了兴趣，当时，他看到故去的母亲旁边燃起的一炷香，感受到了生命的易逝无常。这种感受在他的体内蔓延，最终开悟，发展成为高深的哲学思想。当他看到线香散发的青烟，感受到生命的无常时，他觉得十分孤独。随后，这种感觉越发强烈，终于他在28岁时得获正果，达到开悟。开悟时，他惊呼说道："无身亦无心！"当他说"无身亦无心"时，他的所有存在在那一刻变成了广袤现象世界中的一道闪电。这道闪电囊括所有，掩盖所有，也有着巨大的本质。整个现象世界藏于其中，一个绝对独立的存在。这就是他的开悟。从对于生命无常的孤独感受开始，最终获得了存在本质的强烈体验。他说："我已身心脱落。"因为你觉得自己拥有身心，所以有着孤独的感受；当你意识到一切都不过是广袤现象世界中的一道闪电，你的内心开始强大，你的存在也变得有了意义。这是道元禅师的感悟，也是我们的修行。

自然

"时时刻刻,万物众生自无而现,这便是生命之中真正的欢喜。"

对于自然这个概念的理解,大家存有一个严重的误区。来我们这里的绝大部分人没准都是相信自由或自然的,但他们对此的认知是我们所说的"外道",或者说是异端自然。外道的意思是不必拘泥于形式——类似于"我不管"的策略或随便无所谓的态度。这是大部分人眼中的自然,却不是我们所说的自然。这一点很难解释,我觉得自然,或多或少包括了独立于一切的感觉,或是某些基于空无的行为。源自空无的事物就是自然的,比如从一颗种子或植物地里长出来。种子不知道自己会发育成长为特定的作物,却有着自己的形态,与土地和周围环境融洽相处。随着一点点成长,这粒种子在时间周期之中开始展现自己的本性。没有形和色,任何事物都无法存在。世间万物,无论是什么,都有形态和颜色,并且形态和颜色能够与其他存在和谐相处,没有纷扰。这就是我们所说的自然。

一棵植物或一块石头可以做到顺其自然,但对于我们来说就有点难,可以说非常难。我们需要努力才能达到自然的状态。如果你的行为源自空无,你会有一种新的感受。比如,你饿了,吃东西就是很自然的行为,你觉得很正常。如果有太多期待,吃东西就变得不自然了,便失去了新鲜的感受,也不会品尝到食物的美味。

真正修禅的状态,是打坐如同口渴了喝水一样自然而然。困意来袭,打个盹儿也是自然的事情。但如果因为懒惰而打盹儿,仿佛睡觉变成一种特权,就是不自然的事情了。我们会想:"我的朋友都在睡懒觉,为什么我不能?其他人都无心工作,为什么我这么辛苦?他们有那么多钱,为什么我这么穷?"这都是不自然的。我们陷入到了其他念头里,纠缠于别人的想法之中,你不再独立,也失去了自我,变得不自然。虽然你盘腿而坐,如果不是顺其自然之为,那便算不上真正的修禅。口渴了,是不需要强迫自己喝水的,喝水是一件让人开心的事。如果你打坐时心怀欢喜,便是真正的打坐。如果你强迫自己打坐,但感觉很好,也是真正的打坐。事实上,做事关键不在于强迫与否。即便有困难,但只要你想要坐禅的话,便是自然。

这种自然很难用语言解释清楚。如果你能够做到只管打坐,并在过程中体会真实的空无,就无需这样的解释。只要源自空无,你的一切行为都是自然而然的,都是真正的行为。你会在其中体会到修行的快乐,品尝到生活的快乐。时时刻刻,万物众生自无而现,这便是生命之中真正的欢喜。所以我们说"真空妙有",也就是说,真正的空无之处,会长出妙不可言的存在。

没有空无,就没有自然——也就没有真实的存在。真实的存在源自空无,一刻不停。空无一直存在,空无之处万物生。但通常我们会忘记空无,摆出一副拥有一切的样子,我们的行为基于某些占有的欲念或某些特定具体的想法,这种状态是不自然的。比如,当你听一场讲座,就不应该有自己的想法。别人说话时,你要摒弃自己的想法;忘记自己,专注倾听。心无他物才是自然之态,才能够明白对方的意思。如果你总拿对方的话和自己的想法作对比,就无法全面了解对方的意思,出现片面的理解,就不自然了。当你做事时,应该全情投入,完全将自己放置其中，这样便可放空自己。如果你的行为中没有真正的"空无"，那便是不自然的。

大多数人都有某些自己坚持的想法。近来，年轻一代经常谈论爱情。爱情！爱情！爱情！满脑子都是爱情！他们来修禅，如果我的话不符合他们对于爱的理解，他们就会表现得很抵触，固执得很，简直令人吃惊！当然不是所有年轻人都这样，但有一部分人的态度很是固执，完完全全脱离了自然之态。虽然他们满嘴爱情、自由或自然，却根本不理解这些，因此也就不理解禅。如果我们想修禅，就应该忘记自己以往所有的看法，专心打坐，感受修禅过程中自己的体验，那才是自然。

无论做什么，都要秉持这样的态度。我们有时会称其为"柔软心"，"柔软的或者弹性的心"。柔软心指的是一种平和自然的心境。有了这样的心境，便拥有了生活的欢喜；否则会失去所有，空无一物。尽管我们以为自己拥有，其实恰恰相反。当我们的一切行为都源自空无，那你就拥有了一切。你明白了吗？这就是我们所说的自然。

空

"要学佛法,你需要对自己的心念来一次大扫除。"

如果想要弄明白佛道,你必须忘记全部已有的成见,首要的是放下对实体或存在的观点。对生命的常规看法,根植于实有存在的观点之中。在大多数人看来,一切都是实有存在的,所见所闻皆是实有存在。当然,我们看到的飞鸟、听到的叫声也是真实存在的。它存在着,我所说的存在可能有别于大家对存在的认知。佛教对于生命的理解,包含存在和非存在两个方面,飞鸟在同一时刻,既存在又不存在。我们说,只从实有存在的角度来看世界,是一种离经叛道的看法。如果你把事物看得过重,好像觉得它们都具有稳固性和恒久性,那你便是离经叛道。许多人或许都是离经叛道的。

我们说真正的存在源自空,又归于空。源自空的存在,是真正的存在,我们需要穿过空无之门。这个存在的概念很难讲明,当下许多人开始——至少是从智识上开始——感受到了现代世界的空无或他们文化之中的自我矛盾。例如，日本人过去坚信自己的文化和传统能够长久地存活下去，但战败后，他们开始强烈地怀疑一切。有人觉得这种转变很糟糕，但实际上是好于过往陈腐的观念。

只要我们对于未来有些许明确的认知或希望，就无法真正严肃对待当下。我们可能会说"这个事儿明天再做，或者明年再看"，以为今天存在的东西也会在明天出现。即便我们没有努力去做，你依然觉得，只要你按部就班地来，好事还是会发生的。但没有什么一定之规是永久存在的，没有现成的路，我们始终需要寻找自己的路。别人构建的完美信念或最佳方式，并不是我们自己的真正路途。

我们每个人都需要走出自己的真正路途，一旦做到了这一点，这条路会是通达一切的大道。这一点很神奇。当我们彻底明白一件事，也就明白了一切。如果我们试图弄明白一切的时候，结果你会一无所知。最有效的方式是先了解自己，然后参透一切。所以当你努力寻找自己的路时，你会帮助到别人，别人也会来帮助你。在你找到自己的路之前，你无法帮助别人，别人也帮不了你。为了真正意义上的独立，我们需要忘记头脑中既有的一切，不停发掘全新的、不同的东西，这是我们在这个世间应有的生存方式。

所以，要学佛法，你需要对自己的心念来一次大扫除。你需要把房间里的东西全都搬运出去，彻底打扫一遍。如果需要，你可以再把所有东西搬回去。你可能想要很多东西，那就逐一搬回来。但如果不再需要的话，那也就没必要再保留。

我们看到了一只飞鸟，有时能看到它飞翔的痕迹。事实上，鸟儿飞过是没有痕迹的，只是我们有时觉得自己看到了。这一点很好。如果有必要，我们可以把从房间里搬出来的东西再搬回去。不过，在搬回去之前，你需要先把东西搬出来。否则,你的房间会塞满老旧的破烂物件。

我们说:"我一步一步地止住了涓涓作响的溪水声。"沿着河边走,你会听到水流声,它们连绵不绝。但如果你想,你是一定可以让它停止的。这是自由,也是断念。我们头脑中也会接连不断出现很多想法,但只要我们想,这些想法念头也是可以停止的。当你能够停止溪水的声音,便一定会享受到自己的努力。不过,一旦做事时你有了固定的看法或困于某些习惯性的做法,便无法真正地在万物的本真意义上去欣赏它们。

如果你寻找自由,你是找不到的。在获得完全自由之前,你需要拥有完全自由。这是我们的修行。我们的路并非只朝向一个方向,有时向东,有时向西。向西走一公里,意味着向东后退了一公里。通常,向东走一公里和往西走一公里,是相反的。不过如果我们能向东走一公里,也就意味着也可以向西走一公里。这就是自由。没有这种自由，我们无法专注做事。你可能觉得自己可以专心致志，但获得这份自由之前，事情可能不会顺利。这是因为你受困于一些向东或向西的想法，行为出现二分法或二元论。一旦陷入二元论，便无法获得完全的自由，也无法专注。

　　专注不是努力去观察某个事物。打坐时，如果只看一个点，大概五分钟左右你就累了。这不是专注，专注是自由，因此你的努力应该朝向空无，应该专注于空无。我们强调打坐时要注意呼吸，而将心念保持在呼吸上的要求，是忘记自己，只是打坐，感受呼吸。专注于呼吸，会忘记自己；而忘记自己时，就能够专注于呼吸。我说不清哪个在先，所以，实际上没必要那么努力地专注呼吸，只要尽力就好。如果持续练习，你最终便会感受到源自空无的真正存在。

准备，正念

"心念就绪，便是智慧。"

《心经》中最重要的一点，当然是空性的概念。在理解空性之前，仿佛一切看上去皆为实有的存在。但当我们意识到事物的空性，一切变得真实，但非实有。我们认识到自己看到的一切都是空性的一部分，便摆脱了任何存在的束缚，我们便会明白一切不过是暂时的形与色。因此，我们领悟了每个暂时存在的真正意义。当我们第一次听到一切都是暂时的存在，大多数人会感到失望，但这种失望源自对人类和自然的错误看法。我们观察事物的方式深深扎根于以自我为中心的想法，所以当发现一切仅是暂时的存在，才会感到失望。但当我们真正领悟这一事实，便不再有痛苦。

经文说："观自在菩萨，行深般若波罗蜜多时，照见五蕴皆空，度一切苦厄。"意思是说，菩萨并不是在意识到这一事实后克服了痛苦，而是意识到这一事实真相本身便摆脱了痛苦。所以，认识事实就是解脱。我们常说"要觉悟"，不过对于事实的觉悟一直近在咫尺。我们并非在打坐之后才可以领悟，甚至在我们打坐之前，领悟就已存在。我们也不是在理解事实后获得开悟，认识事实就是活着——活在当下此刻。所以，这与理解或修行无关，而是终极事实。佛祖在经文中所指的终极事实，是我们每时每刻都需要面对的，这一点非常重要，是菩提达摩的修禅之道。甚至在我们修禅之前，就已经有了开悟，但我们一般会把修禅和开悟看作两件不同的事情：修禅类似于一副眼镜，认为戴上这副眼镜，而后便看到了开悟。这种理解是错误的。眼镜本身就是开悟，戴上眼镜同样也是开悟。所以，无论你做什么，即便什么也不做，开悟就在，永远都在。这是菩提达摩对于开悟的理解。

你无法真正地修禅，因为是"你"在修禅。如果你没在修禅，便有了开悟，也就有了真正的修禅。我们修禅时，会创造出"你"或者"我"等具体的概念，也会创造出一些关于"修禅"或"打坐"的特定概念。这样的话，便会导致你在右侧，修禅在左侧，禅和你便成了两个不同的事情。如果修禅和你的组合便是禅，那就是青蛙的修禅之法。对于青蛙来说，它坐着的姿态即是修禅，而当它跳来跳去的时候，就不是修禅。如果你真正理解到空无指的是一切永在，那么就不会出现以上这些误解。一个完整的存在不是所有事物累加堆积，也无法将一个完整的存在分成若干部分。它是一直存在，一直运转。这是开悟。因此，实际上没有特定的修禅。经文说："无眼耳鼻舌身意……"其中的"无意"便是禅心，它囊括了万物众生。

对于我们理解这些事物至关重要的一点，是以一种流畅且自由的方式去观察，在思考和观察事物时不应该间断，我们应轻松地接受事物原本的样子。我们的心念应该足够柔软开放，才能理解事物的本质。柔软的思维，也称为不动摇的思维，这种思维始终稳定，它即正念。发散四处的思考不是真正的思考。我们的思考要呈现专注，此为正念。无论是否有思考对象，你的心念都应该稳定，不杂乱无章，此为修禅。

无须费力地以某种特定的方式去思考，你的思考不应该片面，我们只要全心全意地去思考，轻松无碍地接纳事物的本相。只管去看，随时准备以全部的心念去看，即是修禅。如果我们做好了思考的准备，那便无须努力思考，这即为正念。正念也是智慧。这里的智慧指的不是某种特殊的才能或哲学思想，心念就绪，便是智慧。所以，智慧可以是多种不同的哲学思想和教义，以及各类研究和学习。不过，我们不应该执着于某种特定的智慧，比如佛祖传授的智慧。智慧不是学来的，而是源自你的正念。因此，关键在于做好观察的准备，做好思考的准备，此为心念的空性。空性不外乎别的，而是修禅。

相信空无

"在日常生活中,我们的想法百分之九十九都在以自我为中心:'为什么我这么痛苦?为什么我会有烦恼?'"

我发现,一定要相信空无,绝对需要。也就是说,我们应该相信无相无色的事物——某种存在先于所有相与色之前的东西。这一点非常重要。无论信奉什么神或教义,一旦产生执念,这样的信仰或多或少都会基于以自我为中心的想法之上的。你努力寻找一个完美的信仰来拯救自己,但这是个漫长的过程,你会陷入一种理想化的修行。在持续不断地追求理想的过程中,你根本没有时间沉静下来。不过,如果你时刻准备好接受一切源自空无这个事实,领悟到为什么现象世界中存在这样或那样的相与色,那么在那一刻,你便达到了完满的平静。

当你头疼时,背后一定有原因。如果了解为什么头疼,就会感觉好一些;如果说不清缘由,你可能会想:"头好疼!可能是我修行的方式不对,如果我的冥想或者打坐做得更好一点，就不会有这样的问题了！"如果遇到这样的情况你有这样的想法，那么只有你自己达到完美的境地，才能实现完美的信念或修行。否则恐怕你会手忙脚乱到根本无法修行，头疼的问题也永远不会得到解决！这种修行方式有些愚笨，根本不会成功。如果你相信的事物先于头疼出现，并了解头疼的原因，那么你的感觉自然会好一些。头疼不是什么问题，因为你是健康的，足够应付一次头疼；同样，如果你胃疼，你也足够承受一次胃疼。如果你的胃习惯了这种不健康的身体状况，也就没有了痛感。那就糟糕了，胃病最终会恶化到威胁你的生命。

因此，每个人都要必须绝对相信空无。我指的不是虚无，"空无"它是某种东西，是某种能够随时准备好使用特定形色的东西，它自身的行为中有一些规则、理论或者真相，此为佛性，或佛陀本身。这种存在人格化之后，我们称其为佛陀；当它变成终极真相后，我们称其为法。我们接受这一事实，作为佛陀的一部分，或依照佛法行事，我们称自己为僧伽。虽然有三种佛陀形式，但其实它们同为一种无形无色的存在，并同时准备好使用特定的形和色。

这并非仅是理论,也并非仅是佛教教义,而是对于我们人生的必要理解。否则,我们不会因信仰而有任何助益,反而会受困其中,衍生更多的问题。如果你因此成了佛教的囚徒,我可能会很高兴,但你自己就不一定了。所以,上述理解非常重要。

修禅时,我们可能会听到在深夜之中,雨水从屋檐滴落的声音。随后,奇妙的雾气会在森林中弥漫开来,再过一会儿,等到人们起床工作的时候,他们就会看到壮美的山脉。但清晨时有些人躺在床上,雨声让他们忧心忡忡,因为他们并不知道一会儿将在东方看到美丽的日出。如果我们只关注自己,就会遇到这样的问题。当我们把自己视作真相或者佛性的化身,就不会有这样的担心。我们会想:"外面下雨了,也不知道等会儿会怎么样。我们起床出门的时候,可能放晴,也可能仍是雷雨交加。既然谁也说不准,那就享受此刻的雨声吧。"这才是正确的态度。如果我们将自己理解成为真相的一个暂时性体现,所有问题便不再是问题了。我们会体会周围的一切,也会把自己视作佛祖伟大神迹的一部分来加以感受,即便遭遇困难也会如此,这是我们的生活之道。

依据佛教术语,我们以开悟为起点,接着开展修行,再继续我们的思考。一般来讲,我们的思考通常都是利己的。在日常生活中,我们的想法百分之九十九都在以自我为中心:"为什么我这么痛苦?为什么我会有烦恼?"这种想法占据着我们思考的百分之九十九。例如,我们学习科学知识或研读一部艰涩的经文时,很快就会疲惫不堪,昏昏欲睡;而涉及以自我为中心的思考的时候,则很是清醒,兴奋不已!如果我们先是开悟,然后再思考和修行,那你的思考和修行便不会执着于以自我为中心。我所说的开悟指的是相信空无,相信无形无色之物,随时准备好采用某种形色之物。这种开悟是永恒不变的事实真理,我们的行为、思考和修行都应该建立在这样的原初的事实真理之上。

执与无执

"执着于某种美好的东西,也是佛之所行。"

道元禅师曾说:"即便是午夜,黎明也在;即便是黎明,夜晚也在。"这一类话语承载着的开示,自佛祖传到禅宗祖师,再到道元,再到我们。夜晚和白天没有区别——同一个事物,有时叫夜晚,有时叫白天,它们是一回事。

修禅和日常生活同样也是一件事,我们把修禅称为日常生活,把日常生活称为修禅。不过我们常规的认知是:"打坐结束了,我们现在要回到日常生活了。"这是不对的,因为它们是同一件事,我们必须面对。所以,动中有静,静中有动,静与动是一样的。

每一个存在都依靠另一个存在。严格来讲,不存在单独分离的个体事物,有的只是同一种存在的不同名称罢了。人们有时强调一体性,这有别于我们的理解。我们不会特意强调任何事情,包括一体性。一体性很好,多元性同样也不错。一味追求一体性,而忽略多元性,是一种狭隘偏颇的认知,使得多元和一体之间产生了一道鸿沟。其实,一体性和多元性是同一件事,应该在每一个存在之中体会一体性。这就是为什么我们看重的是日常生活,而非某些特定的心念状态。我们应该在每时每刻、每一种现象中看到实相。这一点非常重要。

　　道元禅师说:"尽管众生万物都有佛性,但我们会偏爱花朵,不在意野草。"这是真实的人性。但是,我们执着于某种美好的东西,也是佛之所行。我们对野草的不甚关心,也是佛之所行。我们需要了解这一点。明白了这点之后,你可以执着于某种事物,没什么问题。如果它是佛的执念,那就是无执。所以,爱中应有恨,或许可称为无执;恨中也应有爱,或许可看成接纳。爱与恨是同一件事,不应该只执着于爱,也应该接纳恨,接纳野草,无论我们对它们的感受如何。如果你不在意它们,就不要爱;如果在意它们,就去爱。

　　通常你会批评自己对周围事物不够公正,批

评自己不够接纳的态度。不过，通常意义上的接受方式与我们的接受方式存在着些许不同，尽管看起来可能一致。上文提到夜晚和白天没有界限，你和我之间，也没有分别。这是一体性。不过，我们甚至不强调一体性。如果是一体的，便无须强调。

道元禅师说："学习就是了解自己；研究佛法就是研究自己。"学习不是了解获取你之前所不知道的某些东西，你在学习之前便已经了解它了。了解之前的"我"与学习之后的"我"并无区别；无知者与智者之间也没有界限。愚人可以是智者，智者也可以是愚人。通常，我们会想"他很笨，我很聪明"，或者"我以前很傻，现在变聪明了"。如果我们愚笨，又如何变得聪慧呢？佛祖开示传授给我们的是，智者和愚人之间并没有什么分别。确实如此。而人们听到这样的话，可能会觉得我在强调一体性，事实并非如此。我们不强调任何事情，只是想要了解事物的本来面目。如果我们能做到这一点，便没有什么可强调的。我们无法捕捉什么，也没有什么可捕捉的东西，更无法强调什么。然而，就像道元禅师所说：

"我们喜爱鲜花,但它们终有败落之时;我们厌恶野草,但它们疯狂生长。"即便如此,这就是我们的生活。

我们应该通过这种方式来理解生活,便消除了所有问题。正因为我们强调某种特定的看法,才导致我们总是麻烦不断。我们应该接受万物原本的样子,这是我们理解一切的方法,也是在这个世界的生存之道。这种体验超出了我们的思维。在我们的思维领域中,一体性和多元性存在差异,但在实际体验中,两者没有任何区别。由于你创造出了统一或多元的概念,导致你受其所困,不得不一直思考下去,尽管这样的思考,其实是没有必要的。

感性来说,我们会有不少问题,但这些问题都不是真正的问题,而是被创造出来的问题,源自以自我为中心的想法或者观点。我们指出某件事物,于是问题就出现了。而事实上,我们是无法强调任何特定事物的。幸福就是悲伤,悲伤也是幸福;甜中有苦,苦中有甜。虽然我们感受的方式不同,但它们其实并无差异,本质上是一致的。这是佛祖传授给我们的真解正见。

平静

"对于学禅者来说,一株野草便是一座宝藏。"

有一首关于禅的诗是这样写的:"风过落飞花,鸟鸣山更幽。"如果安静的氛围之中,无事发生,我们不会感受到宁静;只有当有事出现时,我们才体会到何谓宁静。日本有句谚语:"有云见月,有风见花。"当我们看到月亮的一部分被云层、树木或者杂草遮盖时,我们才会觉得月亮有多圆;如果没有任何遮挡来作参考,我们是不会感受到同等程度的圆月的。

打坐时,你沉浸在完全的平静之中,感觉不到任何事物,唯有打坐。打坐时的平静可以给日常生活带来正面的力量。因此,除了打坐之外,实际上你也可以在日常的点滴中发现禅的价值。不过,这不意味着你可以忽略打坐。即使你打坐时感受不到任何事物，但如果没有这样的修禅体验，你便一无所获，你看到的只是生活之中的野草、大树和云朵，但看不到月亮。这就是为什么你总是在抱怨。对于学禅者来说，大部分人眼中毫无价值的一株野草，其实是一座宝藏。秉持这样的态度，无论做什么，生活都会变成一种艺术。

修禅时，你不应该意图获取什么，只需打坐，沉浸在平静的思绪中，毫无依赖，只管挺直身体，不要东倒西歪、依靠外物。挺直身体指的是不依靠任何东西。这样，你的身心都能获得完全的平静。而如果有所依赖，或是心不在焉，那便是二元论的，无法完全安静下来。

在日常生活中，我们总是想做些什么，改变一些东西，或取得一些成就，这种尝试本身就是我们真实本性的一种表达，其意义蕴藏在努力本身。获取目标之前，我们就应该了解努力的意义。道元禅师说："我们应该在开悟之前开悟。"我们不是在开悟后才明白其中的意义，尝试本身就是开悟。我们遇到困难窘境或身处低谷，便有了开悟。我们处于纷乱之中，便有了沉静。人们通常难以接受生命的短促无常，但只有在生命的短促无常之中，我们才能发现生命之中永恒的欢喜。

以这样的理解继续修禅，才可以提升自我。假如没有这种理解却又想获得某些东西，你便无法正确修行，只会受困于对目标的痛苦追求之中，最终一事无成，无法自拔。但正确的理解可以让我们有所进步，随后无论做什么，即便有瑕疵，也是出于你内在的本性，点滴之间，总会有所收获。

哪个更重要呢？开悟，还是在开悟之前开悟？赚大钱，还是点滴积累之中享受生活，即便最终并未成为百万富翁？功成名就，还是在努力的道路上找到意义？如果你不知道答案，也就无法修禅；如果你知道答案，便将会找到生命之中真正的宝藏。

是体验，而非哲学

"把佛教作为一种哲学或者教法而谈论其如何完美，实则对其要义却不明就里，这是对佛教的一种亵渎。"

虽然在这个国度之中有很多人对佛教颇有兴趣，但在意其纯粹形式的寥寥无几。大多数人喜欢钻研佛教的教义或者哲学性，并与其他宗教作对比，陶醉于佛教带来的智识性。然而，佛教是否至深至善至美，这并不是重点，保持修禅纯粹清净的形式才是关键。有时，把佛教作为一种哲学或者教法而谈论其如何完美，实则对其要义却不明就里，这是对佛教的一种亵渎。

对佛教而言，对于我们来说，一群人在团体中修禅是最重要的事情，因为这是原初的生活方式。不明白来龙去脉，我们也就无法品味生命努力的结果。我们的努力必须有意义，找到意义就是找到了努力的最初源头。而在此之前，我们不应该担心努力的结果。如果本源不清晰不纯粹，我们的努力也不会纯粹，结果定会差强人意。当我们重拾本性，并不断努力，我们便会一刻又一刻、一天又一天、一年又一年地品尝到努力而来的成果。我们应该以这样的方式品味人生。这是那些只关注结果的人不会理解体会到的，因为不会有结果。不过，如果你的努力时时刻刻源自纯粹，那你做的所有一切都是对的，你会对自己所做的任何事宜都感到满意。

坐禅是让我们找回纯粹生活方式的修行，它超越了得失心，超越了名利。通过修禅，我们保持本性。对于纯粹的本性，我们无须多言，因为它超越了我们的智识理解；它也无须欣赏，因为超出了我们所能欣赏的范围。所以，我们只管打坐，没有任何得失心，心怀最纯粹的意念，保持如同纯净本性一样的安静——便是修禅。

禅堂一点也不神秘，我们只是进来，然后就是打坐。与他人交流之后，我们各自回家，回归到日常生活，并把它作为纯净修禅的延续，享受真正的生活之道。然而这一切没那么寻常。无论我走到哪里，总有人问我：

"什么是佛教？"同时打开手中的笔记本，准备写下我的答案。大家可以想象一下我的感受！我们只是打坐，乐在其中，没有别的。对于我们来说，没有必要理解什么是禅，我们修的是禅；也无须在智识层面去知道禅的意义。我觉得这一点，在美国社会是非常不寻常的。

美国有许多生活方式和宗教，谈及宗教间的差异，彼此之间互作比较，这看起来是再寻常不过的了。在我们看来，不必在佛教和基督教之间作对比。佛教是佛教，佛法是我们的修行。我们只是以纯粹的心态修行，甚至我们并不知道自己在做什么，所以也无法将我们的方式与其他宗教来对比。可能有人认为，禅宗不是宗教，或许这样说是对的；禅宗也可能是宗教出现之前的宗教，所以或许它属于非传统意义上的宗教，但它妙不可言。即便我们对它没有智识上的学习，它也没有任何大教堂或华美的装饰品，但它可以让我们参透领悟到自己的原初本性。我觉得，这真的太不寻常了。

原始佛教

"事实上，我们根本不是曹洞宗，只是佛教徒，甚至都不是禅宗。如果理解了这一点，我们才是真正的佛教徒。"

行、立、坐、卧是佛教中的四种基本行为。打坐不属于四种行为方式之一，而且，根据道元禅师的观点，曹洞宗并不是佛教众多宗派之一。中国的曹洞宗可能是其中之一，但在道元禅师看来，他的修行方式并不属于任何宗派。如果是这样，你可能会问：我们为什么强调坐姿的重要性，为什么强调要有一个师父？原因正是，打坐不属于上述四种行为方式，它是一种包含了无数活动的修行，甚至它在佛陀之前就已经存在，并将永远持续下去。因此，打坐这个姿势不能与其他四种行为相提并论。

通常，人们会强调佛教之中某种特定的姿势或者某种特定的理解，然后便认为"这就是佛教"。但我们不能将我们的修行方式与人们通常理解的行为方式相比较；我们的教义也无法与佛教的其他教义相比较。这就是为什么我们需要找到一个师父，他不执着于任何特定佛法教义。佛陀的原始教义包含了各种宗派。作为佛教徒，我们的传统修行应当像佛陀那样：不执着于任何特定的宗派或教义。但通常情况下，如果没有师父指导，对自己的理解又自以为是，我们便会失去佛陀教义的原始特质：包罗万象，兼容并蓄。

由于佛陀是这种教义的创始人，人们暂且称其教义为"佛教"，但实际上佛教并不是某种特定的教义。佛教只是"真理"本身，其中又包含了各种真理。打坐是一种包含了不同生命活动的修行，所以我们实际上并不单单强调坐姿，如何打坐即如何行动。我们通过坐姿学习如何行动，便是最基本的行为，也是我们这样修行的原因。即便我们修行打坐，也不应称自己为"禅宗"。我们只是以佛陀为榜样来修行，这就是我们修行的原因。佛陀通过修行教会我们如何行动，这就是我们打坐的原因。

去做事情，活在每个瞬间，都意味着化身成佛的临时变化。以这种方式打坐便可成为佛本身，像历史之中的佛陀一样。这一点适用于我们所做的一切。万物皆是佛迹。因此，无论你做什么，甚至不做什么，佛自在其间。因为人们没有这种对佛的理解，所以认为自己所做的事是最重要的，从而不了解究竟是谁在做这些事情。人们认为是自己在做各种事情，但实际上是佛在做。我们每个人都有自己的名字，但这些名字只是佛的众多名字之一；我们每个人都有许多活动，但这些全都是佛迹。由于不明白这一点，我们便会特别强调某些活动。比如当他们强调打坐时，打坐就"变味"了。表面上看，他们似乎在以佛的方式打坐，但他们内心对我们修行之法的理解大相径庭。他们把打坐视为人类四种基本姿态之一，觉得"我现在用的是这个姿态"。但打坐涵盖了所有姿态，每一种姿态都是佛的姿态，这才是对打坐禅姿的正确理解。如果你以这种方式修行，便是佛法。这一点非常非常重要。

因此，道元禅师没有称自己为曹洞

宗的祖师或曹洞宗的弟子。他说："其他人或许会称我们为曹洞宗，但我们没有理由自称为曹洞宗，甚至不应该使用'曹洞宗'这个名字。"任何宗派都不应把自己视为一个独立的宗派，它们都只是佛教的一种暂时形式。但只要各宗派一直不接受这种理解，继续以自己特定的名字相称，那我们就不得不接受"曹洞宗"这个暂时的代号。我想明确一点：事实上，我们根本不是曹洞宗，只是佛教徒，甚至不是禅宗。如果理解了这一点，我们才是真正的佛教徒。

佛陀的教义无处不在。今天正在下雨，这就是佛陀的教义。人们以为自己的方式或对宗教的理解就是佛道，但并不知道自己在听什么、做什么或身在何处。宗教并不是某种特定的教义，它无处不在。我们必须以这种方式理解教义，忘掉所有特定的教义，不去问好坏优劣。不应该有特定的教义，因为教义在每时每刻之中，在每一个存在之中，这才是真正的教义。

意识之外

"在妄念中体悟纯净之心就是修行。如果试图摆脱妄念,它只会愈发坚固。你只需对自己说:'哦,这只是妄念',不必在意。"

我们应该在没有修行和开悟之处来建立我们的修行。一旦我们在有修行、有开悟的范畴之内打坐修禅,我们就无法实现内心完满的安宁。换句话说,我们必须坚信自己的真实本性——我们的真实本性在我们的意识经验之外。在意识经验之中,我们才会找到修行和觉悟,分辨出善与恶。不过,不论我们是否体验到真实本性,它早已存在,在意识之外,而我们修行的根基就在于此。

即使心中存有"善念",也未必是好事。佛陀有时教导我们:"应当这样,不应当那样。"然而,将佛陀的这些教导放在心上并非好事,反而会成为一种负担,实际上或许你的感觉并不太好。事实上,有时候内心怀有一些恶意,甚至可能比心里始终想着什么是善或应该如何去做,要好得多;心存一些顽皮捣蛋的念头，有时甚至会令人轻松愉快。这是真的。实际上好坏并非重点，重点在于是否能让自己平静，是否可以保持下去。

当意识中存在某种想法时，你便无法彻底平和沉静，最好的办法是忘却一切。如此一来，你的内心便平静开阔，足以轻松地看到和感受事物的本来面目。获得完美平和的最佳途径就是不留存任何观念。不论是何种观念，忘掉它们的一切，不留任何思考过的痕迹或影子。如果你刻意停止思考，或试图超越意识活动，那反而会成为一种新的负担。"我必须在修行之中停止思考，但做不到，我的修行还是不够。"这种念头也是错误的修行方式。不要试图停止你的心念，而是让一切顺其自然。这样，它们便不会在你的心中停留太久，它们会来去自如。最终，你清澈空灵的心境便能长久保持。

因此，保有心初空性的坚定信力在修行中至关重要。佛经之中，有时用极为大量的比喻来形容空灵之心，有时会用无法计数的天文数字来形容它，以致无法计算。如果一个数大到无法计算，你会失去计算的兴趣，导致最终放弃。这种描述说不定也会激发你对"不可数"的兴趣，从而帮助你停止对小我之心的思考。

但只有在打坐时,你才会体验拥有这种最为纯净真切的心念的空无状态。事实上,心念的空无甚至不仅是一种心境,而是佛陀和六祖所体验到的心的本性。"本心""初心""本来面目""佛性""空无"——所有这些词汇,都指我们的心达到绝对的宁静。

你知道如何让身体休息,却不知道如何让心安静下来。即使躺在床上,你的心念仍忙碌不休;即使在睡梦中,你的思绪依然活跃。心绪一直处于紧绷忙碌的状态,这并不是一件好事。我们应学会放下思考不止的心、忙碌不休的心。为了超越思考机能,我们必须坚信心的空性。坚信我们的心是完美安宁的,我们方能回归纯净的原本状态。

道元禅师说:"当在妄念中建立修行。"即便你觉得自己处于妄念中,你仍有清净之心。在妄念中体悟清净之心,便是修行。如果妄念中有纯净之心,有你的本心,那么妄念就会消失。只要你说"这是妄念",妄念便会"羞愧"而逃。因此,应当在妄念中建立修行,妄念本身即修行,在你意识到之前便已开悟。即使你并未意识到,开悟依然存在。所以当你说"这是妄念"时,实际上就是开悟。如果试图摆脱妄念,它只会愈发坚固。你只需对自己说"哦,这只是妄念",不必在意。当你只是观察妄念,你便拥有了真正的心念,你的心是宁静平和的。而当你开始与其纠缠,便会陷入妄念其中。

因此,无论你是否已经开悟,只管打坐就已足够。如果试图开悟,你的心会变得负担沉重,模糊不清,无法如实看到事物的本真。若你能如实看到事物的本真,进而也就能看到事物的应然之态。一方面,我们应该追求开悟——这是事物应有的状态;而另一方面,作为肉体具身之人,达到开悟实际上是非常难的,这也是当下的真实情况。若我们开始打坐,我们本性之中的两面会被带动激发,便能同时觉察出事物的"实然"和"应然"。因为当下的我们尚不完满,才渴望变得更好;但当我们的心念达到超然之境时,便可达到超越了"实然"和"应然"的地步。在我们空无的本性之中,两者已合二为一,借此我们便得到了完满的平和安定。

宗教通常都是在意识的领域范围之内发展自己:寻求完善自己的组织架构,盖起漂亮的建筑,创写美妙的音乐,生发拓展一种哲学体系,等等。这些都是意识世界中的宗教活动,而佛教则侧重于非意识世界。发展佛教的最佳方式是打坐——单纯地去打坐，心怀对我们本性的坚定信力。这种方法远比阅读书籍或研究佛教哲学来得有效。当然，学习哲学是必要的，用以增强信念。佛教哲学不仅仅是佛教的哲学，其普遍性和逻辑性已超越了哲学范畴，它已成为生活本身的哲学。佛教教义的目的，是指出存在于我们纯净本性中的、超越了意识的生命本质。所有佛教修行都是为了守护这一真理教义，而不是依靠某种神秘方式来传播。所以，当我们讨论宗教时，应当用最朴实、最普遍的方式，不应将其视作奇妙的哲学思想。在某种程度上，佛教带有一定的争辩性，因为佛教徒必须保护自己的道路，避免被神秘玄幻的宗教宣讲影响。然而，哲学讨论并非理解佛教的最佳方式。如果你想成为一名真诚的佛教徒，最佳方式便是打坐。我们非常幸运，有这样一个可以单纯打坐的地方。我希望大家对"只是打坐"的禅修之法，有坚定宽广且不可动摇的信念。只是打坐，这就足够了。

佛陀的开悟

"倘若你为自己在修行之中的成就而心生骄傲,或者因为过于理想化的追求而感到挫败沮丧,那么你的修行将如同一面厚墙一般束缚着你。"

今天我很高兴来到这里,因为今天是佛陀在菩提树下悟道之日。佛陀悟道时曾说:"看到一切万物、每个个体之中皆有佛性,善哉善哉!"佛陀的意思是说,我们打坐时,每个人的身上都是有佛性的,每个人都是佛陀。他所说的打坐,不只是坐在菩提树下或盘腿而坐。诚然,这种坐姿确实是我们修行的基本姿态和起点,但佛陀的真意在于,山川、树木、流水、花草……万物本然皆是佛法之道,万物都以自己的方式体现着佛迹。

然而,每个事物的存在方式,并不能凭其自身在意识层面得以理解。我们的所见所闻不过是自己真实状态的一部分,或者说是一种有限的认知。而当我们仅仅存在——以自己的方式——便是在显现佛陀本身。换句话说,当我们进行诸如打坐等修行活动时,佛法之道或佛性就会显现。当我们追问何谓佛性,佛性便会消失;但当我们单纯打坐时,便能完满理解到佛性。理解佛性的唯一途径便是打坐,就如同我们在这里一样,自我如其所是。因此,佛陀所说的佛性,也是如他一般,在意识之外的领域存在着。

　　佛性是我们的原初的本性。在我们打坐之前,在我们用诸多意识与概念了解它之前,我们便已拥有它。因此,在这一层面上,无论我们在做什么,皆是佛迹。如果你执意去理解它,反而难以理解它;而放下对它理解的执着,真实的领悟便自现于心。我在打坐后通常会讲话,不过大家来此不只是听我说的话,更是为了打坐,我们要牢记这一点。我说话的目的是为了激励大家以佛陀的方式打坐。所以,尽管你本具佛性,倘若执着于打坐与否,或无法承认自己即佛,那么你也就无法理解佛性,亦无法真正理解打坐。但当你像佛陀一样修行打坐,便会领悟修行之道。我们无须多言，彼此通过行为以有意的或无意的方式沟通。在任何时候我们都应对沟通保持警觉，不管有没有言语之间的交流。如果失去这一点，便失去了佛法中最重要的一点。

无论我们身处何地，都不应失去这种生活方式："我即佛"或"我做主"。不论去往何地，都要做周遭环境的主宰，也就是说，你不迷失自我之道。这就是"作佛"，因为若能始终如此，你即佛陀本身。无须刻意成为佛陀，你即佛陀。这就是我们获得开悟的方式。开悟即与佛同在，通过反复的修行，便会领悟此种境界。倘若你为自己在修行之中的成就而心生骄傲，或者因为过于理想化的追求而感到挫败沮丧，那么你的修行将如同一面厚墙一般束缚着你。我们不应自我设限，作茧自缚。因此，打坐时间到了，那便起床，去与师父一同打坐，和他交流，听他说话，然后回家——这一切步骤过程便是我们的修行。如此这般，不带任何得失心，你便始终是佛。这是真正的打坐修禅。这样一来，你或许便会理解佛陀在开悟之后第一句话的本实真义："于万物众生之中，得见佛性。"

后记

禅心

Epilogue

Zen Mind

"在雨停之前，我们已经能听见鸟鸣；在厚重的雪下，我们也能见到雪花莲，和一些新的生命。"

在美国，我们无法像在日本那样来定义划分禅宗佛教徒。美国的学禅者，既不是僧人，也非完全的居士。我是这样理解的：你们不做僧人，这一点很容易理解；但你们又不完全是居士，这一点则是挺难理解的。我认为你们是一群独特的人，想找到一种既非完全僧人化，也非完全居士方式的特别修行之法。你们在找寻一条适合自身生活的道路，而我认为这正是我们共同的禅宗团体。

然而，我们也需了解，佛教尚未分化前的修行之道是什么，以及道元禅师的修行之法又是怎样的。道元禅师曾道，有的人能开悟，有的人则未必。这一点激起了我的兴趣。即使我们以相同的方式修行，但并非人人皆能开悟。即便我们没有开悟的经验，若能端正态度，正确打坐，则即为禅。关键在于要严苛地去修行，要理解大念，并对它坚信不移。

我们常说的"大念""小念""佛心"或"禅心"，这些词皆有所指，但我们不可或者说不应该将其置于经验的框架中加以理解。我们所说的"开悟"体验并不涉及善恶、空间或时间先后之分，它是超越了这些分别或感觉的经验和意识。因此，我们不应问："开悟是什么样的体验？"提出这样的问题，表明你尚未理解修禅为何物。开悟是无法用惯常思维来问及的，只有跳出这种思维定式，或许你才有可能了解禅是何种体验。

我们所坚信的大念，你无法从客观角度感知，它永远伴随我们，它一直就在你身边。你的双眼就在你的左右，因为你看不见你的眼睛，你的眼睛也看不到你。它们只能看向外部的、客观性的事物。当你自我反思时，那个自我已不再是你的真我。你无法把自己投射作为某种客观事物来思考。

始终伴随我们的心念，不只是我们自己的，还具有普遍性，始终如一，与他人的心念别无二致。这是禅心，是很大很大的心念，所见万物，皆是此心。你真正的心念总是伴随你的所见之物。你和它虽不自识，它却无所不在——在你看到事物的每个瞬间，它便存在。太有趣了！你的心念总是一直伴随你的所见之物，所以你要知道，这个心念便是万物众生。

真心是观察之心。你不能说："这是我的自我，我的小心念，或者有限之心，那个是大心念。"这是在束缚自己，会限制你的真心，使其客观化。菩提达摩说："想要看到鱼，那就先观察水。"实际上，当你观察水的时候，你就会看到真正的鱼；欲见佛性，当先观照自心。观水即见本性，见性即观水。当你说你的修禅很糟糕的时候，此时你的真实本性已然显现，只是你愚昧而未觉，甚至故意忽视了它。用以观照自心的"我"非常重要，虽非"大我"，它却如同鱼儿游来游去，如飞鸟展翅飞翔。我这里所说的"翅膀"指的是思想和行为。广阔苍穹是家，是我的家，这里没有飞鸟或空气。当鱼在游动之际，水即鱼，鱼即水，别无他物。大家是否理解呢？你无法通过解剖来找到佛性，实相也是无法通过思考和感受来捕捉到的。时刻观照你的呼吸和打坐姿态，便是本性之现。除此之外，再无他法。

我们佛教徒不执着于"唯物"或"唯心"的想法观念，不会把物质看作心念的产物，也不会认为心念是物质的一种属性。我们所探讨的心与身、心与物是永久一体的。如果你听得不细致，可能会误以为我们在谈论某种存在"物质"与"精神"的特性。虽然这可能也是一种解读，但实际上我们指的是始终存在于此的真心。开悟的体验是要认清、理解并体悟这一与我们同在却不可见的真心。大家明白吗？若我们追求开悟的体验，如同看到天空中一颗明亮的星星一样，星星或许很美，我们可能会想："哇，这就是开悟。"但这并非真正的开悟，这样的理解其实是彻头彻尾的外道谬见。即便你可能还不了解，但其中蕴藏的是"唯物"的观念。你所谓开悟多半仍是建立在"物"的基础之上或客观对象上，就像通过好的修行发现了那颗"明亮的星星"。但其中有一部分是唯物的，有一部分是你心念之中的客体，这仍旧是"自我"与"客体"的二分观念，并非追求开悟的正确道途。

禅宗的基础建立于我们的真实本性之上，通过修行，我们得以表达，认识真心。禅宗不依赖任何特定的教义，也不以教义取代修行。我们打坐不是为了开悟，而是表达我们真实的本性。菩提达摩的佛法本身，即修行与开悟。初时，它或为一种信仰，但随时间推移，它成为弟子们可以感受到或已经体悟的某种东西。身体修行和清规戒律不易理解，尤其对美国人而言。你们认为应该追求身体自由和行为自由，这种观念却带来了精神上的痛苦，并进而导致不自由。你们觉得自己想要限制自己的思绪，认为某些念头是多余的、痛苦的或牵缠不清的，却没有想到要限制自己的身体活动。正因如此，百丈禅师在中国创立了禅门清规和生活方式，他有意表达并传递真心的自在。正是基于百丈禅师创立的禅门清规和生活方式，禅心才得以传承。

我认为，作为一个群体，作为在美国的禅学弟子，我们自然同样需要一种生活方式。正如百丈禅师在中国建立了僧团生活方式一样，我们也需要在美国建立一条适合禅修的生活之道。这并非戏言，我是认真地在提出这一点。但我也不能过于认真，若太过认真，我们会迷失方向；但若只是游戏心态，同样会失去正途。我们需要通过点滴累积的耐力和恒心，摸索出适合自己的路径，找到与自己及他人共处的方式，由此发现我们的戒律。如果我们精进修行，专注打坐，过好生活，安然坐禅，便会逐渐明了当下此刻的自己在做什么。不过，我们必须谨慎处理规则内容和制定方式，若过于严苛则难以持守，过于宽松，它们便又没有效果。我们的修行之道应当严谨，具备权威性，能让人信服遵守，同时还应切实可行。禅宗的传统就是如此一点一滴地在修行中积累而成。我们不能强迫他人，但一旦制定了规矩，就要完全遵守，直到规则需要调整之时。这与好坏与否、方便与否全然无关，你只需毫不迟疑地去做，这样你的心念方可自由自在。其中重要的一点是，毫无例外地遵循规则，从而你便会体悟清净的禅心。拥有自己的生活之道意味着鼓励人们追求更具精神性、更足以成为人类的生活方式。我相信，有朝一日在美国，你们将拥有属于自己的禅修之道。

学习清净之心的唯一途径就是修行。我们最内在的本性渴望通过某些媒介、某种方式来表达自我并认识自我。我们建立清规戒律来回应这种内在的渴求，历代祖师也借此展现其真心。如此一来，我们对修行会有准确而深入的理解。我们必须拥有更多的修行体验，至少有一些开悟的体验。你要对始终伴随左右的大念充满信心，并将万物众生视作大念的显现而欣赏品味。这不仅仅是信仰，更是你毋庸置疑的终极真理。无论修行困难与否，理解困难与否，你只能去做。僧俗的身份不是重点，重点在于找到正在行动之中的你——通过修行重新回归真实的自我，回归那个与万物众生同在、与佛同在，并被一切支撑的"你"。就是现在！你或许觉得很难做到，但没有什么不可能！哪怕只是一瞬间，你也可以做到！如果是此刻，便是此刻！你能在这一刻做到，就意味着你可以一直做到。所以，若你有此信心，便是你的开悟体验。若你对大念有如此强大的信心，即便尚未开悟，你便已是真正意义上的佛教徒。

正因为如此，道元禅师才会说："不要期望所有打坐修禅之人都能悟得这种始终与我们同在的大念。"他的意思是说，如果你认为大念在你自身之外、在你的修行之外，便是误解。大念始终与我们同在。这就是为什么当我觉得你们未理解时，我会一再重复同样的话。禅不只是为那些能盘腿而坐或具有高度灵性的人而开设的。人人皆有佛性，我们每个人都应该找到可以体现真实本性的方法。修行的目的，在于获得每个人所具佛性的直接体悟。无论你做什么，都应是佛性的直接体验。佛性意味着觉知，你的努力修行，应延伸到拯救有情众生。如果我所说的你还不明白，那我会对你当头棒喝！届时你会明白我的意思。即使你此刻未能理解，总有一天你会的。总有一天，总有人会明白。听说有一个岛屿正从洛杉矶的海岸慢慢漂向西雅图，我会等着它。

我觉得美国人很有可能会找到人类的真正生活方式，尤其是年轻的一代。你们很少被物质束缚，开始禅修，心怀纯净，这是禅者的初心。你们能够准确地理解佛陀所传达的教义。但我们不应执着于美国、佛教，甚至修行自身。我们要有初心，不执着于任何事物，明白万物皆处于流转变化之中。一切事物都只是暂时的，以其当前的形色而存在。一切都相互流转，无法捕捉。在雨停之前，我们已经能听见鸟鸣；在厚重的雪下，我们也能见到雪花莲，和一些新的生命。在东方，我已经看到大黄。在日本的春日里，我们会吃黄瓜。